Recetario indígena del sur de Veracruz

(NAHUA, ZOQUE-POPOLUCA,
MAZATECO Y ZAPOTECO)

11

Cocina Indígena y Popular

Recetario indígena del sur de Veracruz

Esperanza Arias Rodríguez
Alfredo Delgado Calderón

CONACULTA
CULTURAS POPULARES

Primera reimpresión, 2003

Primera edición en Cocina Indígena y Popular: 1999

Producción: CONSEJO NACIONAL PARA LA CULTURA
               Y LAS ARTES
               Dirección General de Culturas Populares e Indígenas
               Dirección General de Publicaciones

D.R. ©   1999, de la presente edición
              Dirección General de Culturas Populares e Indígenas
              Av. Revolución 1877, 6°. Piso
              San Ángel, C.P. 01000
              México D.F.

ISBN   970-18-3908-0

Impreso y hecho en México

ÍNDICE

INTRODUCCIÓN

Treinta siglos de gastronomía sureña

La diversidad de nichos ecológicos del sur de Veracruz y su prodigalidad natural lo convierten en una de las regiones más ricas de México. Aquí confluyen tres de las principales cuencas hidrológicas del país, la del Papaloapan, la del Coatzacoalcos y la del Tonalá Blasillo, que junto a las extensas llanuras de Playa Vicente, el área montañosa de los Tuxtlas, las selvas del Uxpanapan y las numerosas lagunas, ríos y pantanos contribuyeron a formar la imagen mítica de un reino de abundancia donde se localizaba el Tlalocan, uno de los paraísos de la cosmogonía indígena cuya creencia sigue vigente entre nahuas y popolucas.

La presencia humana en el sur de Veracruz data al menos de hace 30 siglos. De la exuberancia del pantano, en las profundidades de la cuenca del Coatzacoalcos, parecen haberse nutrido las primeras sociedades que siglos después darían origen a la primera civilización de Mesoamérica. El proyecto Manatí, dirigido por los arqueólogos Carmen Rodríguez y Ponciano Ortiz (1997), ha localizado en los sitios La Merced y El Manatí restos de esas primeras sociedades fechados en 1800 a.C., ya para entonces con elementos culturales distintivos de los olmecas, muy tempranos temporalmente en comparación con otros sitios de la región. Lo poco que sobrevivió de ellos fueron los restos de su ajuar doméstico: fragmentos de vasijas de cerámica, artefactos líticos, algunos restos orgánicos de su alimentación y hachas ceremoniales de piedra. Es decir, esos primeros restos arqueológicos olmecas nos hablan más de la vida cotidiana de esos antiguos pobladores que de los grandes acontecimientos de su historia.

Después de los olmecas varios pueblos más, con culturas diferentes, poblaron el Istmo veracruzano, pero fueron ellos los que más tiempo han permanecido, desde 1800 a.C. —comprobado hasta ahora— hasta 300 d.C., esto es, más de la mitad de la historia de esta región.

Tan larga permanencia temporal seguramente estuvo basada en una sociedad tendiente a la estabilidad y en un aprovechamiento racional de sus recursos naturales. A pesar de tan larga historia, de los olmecas ignoramos casi todo: cómo se llamaban a sí mismos, qué idioma hablaban, cómo llamaban a sus dioses, qué organización social tenían, cómo y dónde surgieron y muchos aspectos más. De hecho, sólo hasta 1942 los especialistas pudieron definir que los olmecas constituían una cultura más de Mesoamérica y la más antigua de todas.

Lo más conocido de esta enigmática cultura son sus exquisitas tallas de jade y sus extraordinarias esculturas monumentales, entre las que sobresalen las cabezas colosales. Pero aspectos fundamentales de esta sociedad aún permanecen en la oscuridad, como su sistema productivo, que funcionó tan eficazmente que permitió su permanencia por más de 20 siglos. ¿Cuál fue su dieta básica: el maíz o los tubérculos, o una combinación de ambos? ¿Cuáles fueron sus técnicas de cultivo? ¿Cómo preparaban sus alimentos? ¿Algo de esa vieja sociedad pervive en las sociedades indígenas actuales?

Con toda seguridad los olmecas aprovecharon en su dieta diaria la riqueza biológica del pantano y de la selva, saturados de peces, aves, insectos y mamíferos, y pródigos en frutos, flores, semillas y raíces comestibles, todo ello aún disponible a pesar de la intensa depredación ecológica.

En relación a su cultivo principal, los arqueólogos aún discuten si fue el maíz, puesto que no hay una evidencia contundente sobre su cultivo y faltan elementos distintivos del complejo cultural creado alrededor del maíz, como los comales, por ejemplo; aunque eso sería evidencia a lo sumo de que no elaboraban tortillas, mismas que, por otra parte, no sólo se pueden cocer en comales, sino también en las paredes de las ollas grandes, además de que el maíz se puede preparar en diferentes formas, como atoles, pinole, tamales, etcétera. Sin embargo, hay varias representaciones en vasijas, esculturas y hachas ceremoniales que nos llevan a suponer que se trata de granos y flores de maíz, lo que implica que sí lo conocían y usaban.

Por otro lado, en el sitio El Macayal, municipio de Hidalgotitlán, el equipo de arqueólogos del Proyecto Manatí encontró concentraciones de pequeñas lascas de obsidiana de tamaño uniforme en contextos domésticos cercanos a cuerpos de agua que los llevaron a pensar en la presencia de instrumentos usados para rallar tubérculos (yuca o malanga) o para descamar pescados.

Sin embargo, queda fuera de toda duda que consumieron pescado, pues restos óseos de peces en áreas habitacionales asociadas a basureros fueron encontrados tanto en El Macayal como en El Manatí, lo mismo que granos de una leguminosa parecida al frijol que fue tirada con todo y olla al quemarse el alimento que preparaban. En El Manatí se encontraron también un asta de venado y huesos de animales no identificados asociados a cerámica doméstica olmeca. Igualmente se encontraron semillas de jobo (una especie de ciruela silvestre), cuyo fruto es comestible y con el cual también se prepara una bebida fermentada, y frutos del árbol llamado cuapinol, los cuales tienen semillas rodeadas de un polvillo dulce de color amarillo, aunque de olor desagradable, que suele usarse como alimento. No sabemos si su presencia en este sitio arqueológico se debe a la deposición natural de desechos de la selva o a su uso en la alimentación. La resina del coapinol era utilizada como copal entre los aztecas y todavía era usada en el siglo XIX en la región con el nombre de *succino*.

En el mismo manantial de El Manatí se encontraron concentraciones de piedras de río de un tamaño más o menos uniforme con huellas de haber estado sometidas a un fuego intenso. Aunque se barajan varias hipótesis para explicar su presencia en un manantial donde abundan las ofrendas de hachas de jade, la más probable se refiere a que serían utilizadas en la preparación del "caldo de piedra", vigente aún entre los chinantecos, pero hasta hace poco preparado también por popolucas y huastecos. Este "caldo de piedra" no necesita recipientes de cerámica, pues con una jícara o calabaza basta. De hecho es una reminiscencia de los usos domésticos de los grupos de cazadores recolectores del periodo arcaico.

Todo esto nos indica una dieta variada y un aprovechamiento diverso de los recursos naturales de los que disponían.

Con respecto a sus enseres domésticos, en las fases más antiguas (alrededor del 1450 a.C.) encontramos fragmentos de metates ápodos, abiertos o cerrados, y morteros semiesféricos muesqueados en su exterior a manera de decoración ; ambos tipos de artefactos se encontraron casi en la misma proporción, todos hechos de piedra basáltica. Conforme pasó el tiempo los morteros fueron cayendo en desuso, pero el uso de metates se mantuvo (Ortiz, Rodríguez y Delgado, 1997). Los metates abiertos y sin patas se siguen encontrando en los potreros y usando en la cocina de los campesinos actuales. Entre los indígenas de la región a estos metates arqueológicos se les conoce como "metates de chaneque" o con el nombre popoluca de *salampe*.

Por lo que respecta al utillaje olmeca para preparar, consumir y guardar sus alimentos, en las fases más tempranas fueron comunes las vasijas en forma de calabaza con un engobe rojo, los botellones de cuello alto y los tecomates. En general, la cerámica olmeca es monocroma o bícroma, de color naranja, gris, negro o blanco, combinando frecuentemente el negro y el blanco desde la cocción; tienen decoración al pastillaje, incisa o excavada, con motivos geométricos o mitológicos. Las formas más comunes son los tecomates de bordes reforzados, platos de paredes rectas divergentes o curvas divergentes y fondo plano, vasos de paredes rectas o curvas convergentes, cajetes, ollas globulares, grandes o pequeñas, botellones y otras más. En el sitio El Macayal abundan unas paletillas de cerámica con un extremo plano y triangular, a manera de cucharas, que pudieron funcionar como alisadores o espátulas para pulir la cerámica en proceso de secado, pero que también pudieron servir como cucharas para ingerir masillas preparadas de tubérculos.

En las figurillas de barro olmecas abundan las aves, tlacuaches, perros y cuadrúpedos no identificados. Figuras de peces, hechas por incisión o pastillaje, decoran frecuentemente las paredes de las vasijas. En contraste, en su escultura monumental tallada en basalto están ausentes los temas cotidianos: abundan las representaciones de felinos, serpientes y aves de rapiña, los sacerdotes, chamanes y entes mitológicos, los altares, columnas y cabezas colosales, todos vinculados a la religión olmeca. Sólo dos esculturas de San Lorenzo Tenochtitlan nos remiten a su entorno ecológico inmediato, los monumentos 9 y 58 que representan un pato y un peje lagarto, respectivamente, pero lejos de representar únicamente a la fauna local, están igualmente relacionados con la religión olmeca, pues el primero muestra el símbolo del agua y el segundo la "x", símbolo de la divinidad, labrados en altorrelieve sobre el cuerpo.

Basados exclusivamente en la evidencia arqueológica difícilmente podríamos agregar algo más respecto a la dieta olmeca, pero es razonable pensar que esta primera sociedad que habitó la región aprovechó la diversidad de frutos del trópico, de los cuales fácilmente podríamos enlistar unas 60 especies, además de semillas y, al menos, una decena de tubérculos, para no mencionar detalladamente los numerosos mamíferos, aves, reptiles y peces.

Los nuevos pueblos

Así como surgieron, de la noche de los tiempos, de igual manera los olmecas se hundieron en las profundidades del olvido, sin causas conocidas hasta ahora y sin que prácticamente se guardara memoria de ellos; sólo quedaron sus grandes monumentos pétreos como impasibles testigos, causando admiración y llenando de interrogaciones a los arqueólogos.

Sobre las causas que motivaron la caída de esta gran cultura no existen certezas; se piensa que pudo ser provocada por desastres naturales, por la irrupción de grupos foráneos o por guerras civiles. De esa vieja sociedad se supone que descienden los actuales grupos indígenas zoques, mixes y popolucas. Su desintegración coincide con la llegada de grupos prenahuas, especialmente teotihuacanos que se asentaron en los Tuxtlas, concretamente en Matacapan, cerca del lago de Catemaco, alrededor del 300 d.C.

Matacapan fue una ciudad teotihuacana que servía de enlace

entre la metrópoli del Altiplano y Centroamérica. No se trataba de un pequeño grupo de personas o un mero barrio. El establecimiento de Matacapan, o su colonización, aparentemente fue planeado y ejecutado desde Teotihuacan mismo, como una estación de tránsito, y sus pobladores llegaron al trópico con todos los objetos de su vida cotidiana: dioses, mobiliario, enseres domésticos, técnicas de producción y todo el entorno social que les permitiera reproducir a escala la sociedad teotihuacana de la que dependían (Santley y Ortiz, 1985).

Los objetos "religiosos" teotihuacanos, como incensarios, candeleros, figurillas y otros, se siguieron produciendo en Matacapan con las mismas formas, diseños y decoración que en la gran ciudad, aunque fueran manufacturados con los materiales locales. Mientras, las vasijas domésticas se produjeron en formas y estilos teotihuacanos y en estilos locales, complementándose ambos. La hipótesis de los arqueólogos Santley y Ortiz (1985) al respecto es que incluso la gastronomía teotihuacana debió ser refuncionalizada por los migrantes del Altiplano, adaptándola a las materias primas nativas, ya que en el registro arqueológico se nota la intención por conservar la identidad étnica y diferenciarse de la población local que aún subsistía.

Las formas más comunes de la cerámica doméstica de Matacapan son los cajetes con numerosas variantes: de paredes altas o bajas, gruesas o delgadas, curvas convergentes o rectas, de borde engrosado o ligeramente volado, de fondo plano o hemisférico, o de silueta compuesta; los platos, igualmente con numerosas variantes en sus formas: de paredes curvas convergentes o rectas divergentes y fondo plano y las ollas globulares con cuello recto vertical y borde volado, ollas con asa vertedera; platos grandes con borde muy grueso (posiblemente usados como comales), jarras y otras formas más.

Estas vasijas fueron manufacturadas en diferentes pastas y con diversos grados de cocción, acabado y decoración, en pasta fina o con desgrasante de cuarzo fino o burdo, mica o arena volcánica. El color varía del bayo o naranja, al gris, negro, café o rojizo. Algunos tipos tienen engobe pulido o bruñido de color rojo,

14

café o blanco. La decoración es variada con incisiones simples o diseños incisos geométricos, con pintura roja, con diseños en forma de espiral, con rectángulos y franjas verticales, con diseños simbólicos complicados o con decoración acanalada en los bordes, en la base o en el cuerpo de la vasija; algunas vasijas tienen superficies rastrilladas. El fondo de algunos cajetes o platos está decorado con figuras zoomorfas o fitomorfas, hechas de manera realista con pintura o incisiones.

La sociedad teotihuacana de Matacapan y sus pueblos satélites se desestructuró a la caída de la gran ciudad de Teotihuacan, alrededor del 750 d.C., devastada por los grupos nómadas del norte. Este hecho provocó que diversos grupos de filiación nahua migraran en oleadas sucesivas hacia el sur y hacia Centroamérica huyendo de la guerra. Las oleadas migratorias demoraron hasta el 900 d.C. Estos grupos, en su tránsito hacia Centroamérica, fundaron numerosos pueblos en el sur de Veracruz que evidencian una planificación urbana preconcebida y una ocupación rápida, de poca temporalidad.

Arqueológicamente hay dos características destacables de este periodo: la representación obsesiva de la muerte en esculturas, figurillas, incensarios y hachas votivas (producto sin duda del clima de guerra que se vivió a fines del periodo clásico) y la representación minuciosa y abundante de la fauna local, como si los nuevos habitantes del trópico quisieran dejar constancia de su asombro por la diversidad y exuberancia de su nueva morada. En los espacios domésticos de los sitios arqueológicos de la época abundan las figurillas, silbatos, sellos y vasijas que representan de manera realista guajolotes, faisanes, garzas, ardillas, tlacuaches, águilas, patos, jabalíes, armadillos, perros, changos, lagartos, iguanas, venados, coyotes, jaguares, tortugas, conejos, peces, serpientes y un sin fin de animales sin identificación precisa, como aves, mamíferos y reptiles.

Estos nuevos pueblos del sur se fundaron en una diversidad de nichos ecológicos: los que se establecieron al pie de monte, al sur de los Tuxtlas, en sitios como Dagamá, Chininá, Huoyocotzi y Los Mangos, en el municipio de Hueyapan de Ocampo, pudieron

15

hacer un aprovechamiento diferenciado de los recursos de la montaña tuxteca y de los llanos; el sitio de Laguna de los Cerros, ubicado en plena llanura, en el municipio de Acayucan, pero a igual distancia de las montañas tuxtecas y del río San Juan Michapan pudo también acceder a recursos diversos, lo mismo que el enorme sitio de El Jonotal, municipio de Playa Vicente, establecido a la orilla del río Lalana (que al parecer funcionó como un gran puerto fluvial), fundado entre las montañas mixes y los llanos del bajo Papaloapan, y La Merced, también enorme sitio arqueológico enmedio de los pantanos de la cuenca del Coatzacoalcos, con un gran puerto fluvial, rodeado de esteros, lagunas, pantanos y selvas, por sólo mencionar algunos ejemplos.

En Finca Xalapa, municipio de Acayucan, los arqueólogos descubrieron un cuescomate contemporáneo de estos pueblos migrantes, con idénticas características a los cuescomates usados actualmente en los estados de Morelos y Puebla, pero de los cuales ya no se guarda memoria en la costa del Golfo. Un cuescomate similar se encontró en Palma Sola, en el centro de Veracruz. Este dato viene a confirmar la idea de que estos pueblos migrantes trataron de reproducir fielmente su medio social en las tierras a las que se vieron forzados a migrar. Estos cuescomates, cuya función principal es almacenar la cosecha de maíz, no son funcionales en el trópico debido a las altas temperaturas, el exceso de humedad y las plagas. De hecho desde la antigüedad en esta región la cosecha se almacena en el tapanco de las casas.

Está comprobado que muchos de estos pueblos se surtían de sal en los pozos salobres de Ixtahuehue, en San Andrés Tuxtla, Tapazulapan y en Soconusco, Veracruz. Entonces, como ahora, familias enteras acampaban en la temporada de sequía alrededor del pozo para obtener la sal. Esta sal, que tiene un ligero color rosado, se obtiene hirviendo a fuego lento el agua salobre, hasta que se consume y deja una capa de sal gruesa en el fondo del recipiente. Sin embargo, la sal obtenida de esta forma tiene una baja densidad, pues para salar la comida es necesario utilizar un poco más de la cantidad usada normalmente (Ceja, 1982; Delgado, 1995).

No tenemos mayor información sobre la gastronomía sureña

del periodo clásico tardío y postclásico temprano. En lugares como Matacapan y Las Arboledas se han encontrado fogones domésticos construidos directamente sobre el piso con barro y piedras y hornos para cocer cerámica pero, en general, los restos orgánicos han desaparecido debido a la alcalinidad del suelo y a la humedad.

Alrededor del 1100 d.C. nuevos pueblos migrantes pasaron por la región o se establecieron en ella. En esta ocasión fueron los grupos toltecas que huyeron de la guerra a la caída de la ciudad de Tula, la nueva metrópoli que sustituyó a Teotihuacan. Debido a esta serie de migraciones un grupo de topónimos se repite invariablemente desde el altiplano hasta Centroamérica. Sin duda que la prodigalidad de la tierra, la diversidad de sus frutos y la caza abundante, fueron determinantes para que muchos de estos pueblos se quedaran en la región. De ellos descienden algunos pueblos nahuas que hoy habitan el norte de la sierra de los Tuxtlas y la sierra de Santa Marta. Durante todo ese tiempo los diferentes grupos nahuas convivieron en la región con los grupos de filiación mixe-zoque, presuntos descendientes de los olmecas, de los cuales descienden los actuales popolucas.

Es decir, que hacia el periodo clásico (300-900 d.C.), la llegada de los teotihuacanos primero, y después de los grupos nahuas toltecas (1100 d.C.), que migraron en diferentes oleadas del altiplano hacia Centroamérica, haciendo escala o quedándose en la región, contribuyeron al enriquecimiento de la cultura local, lo cual se manifiesta en la diversidad de formas, decoración y tipos cerámicos, pero también en la arquitectura, herramientas y otros muchos rasgos culturales visibles en el registro arqueológico, pero algunos aún vigentes, como la cosmovisión indígena.

Imperio y señoríos

Entre los años 1400 y 1521 los aztecas expandieron sus dominios al sur de Veracruz, conquistando los señoríos de los Tuxtlas, Huaspaltepec (Playa Vicente), Cosamaloapan, Tuxtepec y Cotaxtla. Además de plumas multicolores, pieles de tigre, hule, paños bordados, pepitas de oro y piedras preciosas, estos señoríos tributaban al imperio azteca más de 500 cargas de cacao (18 500 kilos), 100 jarros de miel al año y un número indeterminado de gallinas de la tierra (guajolotes) todos los días (*Códice Mendocino*, información de 1554).

En tanto el señorío de Coatzacoalco seguía siendo independiente y agrupaba en su interior a una serie de señoríos menores, como Jáltipan-Oluta, Ahualulcos y Jaltepec.

Destacan en esta época la presencia documentada por los cronistas de nuevos grupos étnicos. Mientras los grupos nahuas estaban presentes prácticamente en todo el territorio, los popolucas se encontraban en los pantanos del Tonalá-Blasillo y en la sierra de Santa Martha, los mixes en las cuencas del Coatzacoalcos y del San Juan, los zapotecos en el Uxpanapan y Huaspaltepec, los mixtecos en el río Lalana y los mazatecos en Huaspaltepec-Tesechoacán. Ése es el panorama humano que encuentran los españoles al momento de la conquista, un mosaico de señoríos y culturas dependientes o enfrentadas a la hegemonía del imperio azteca.

Cultura y conquista

La conquista española desestructuró las sociedades indígenas sureñas y subvirtió su cultura. Fue Gonzalo de Sandoval el comandante del ejército quien incorporó los señoríos de Tuxtepec, Huaspaltepec y Coatzacoalco a la Corona española, en 1522.

Nuevos aromas y sabores se incorporaron también a la gastronomía sureña y española a partir de entonces. Ya Bernal Díaz del Castillo mencionaba en su *Historia verdadera de la conquista de la Nueva España*, en unos párrafos tachados en el original, que los primeros naranjos fueron sembrados en Tonalá, pueblo de la vieja provincia de Coatzacoalco, aun antes de consumarse la conquista, mientras exploraban la costa del Golfo.

También Hernán Cortés creó tempranamente el que fue uno de los primeros ingenios azucareros en tierra firme del nuevo continente, el ingenio de los Tuxtlas, que funcionó hasta los primeros años del siglo XVII, pero el azúcar demoró en generalizarse en las mesas sureñas y la miel silvestre siguió endulzando varias décadas más los paladares indígenas y españoles.

Inmediatamente después de la conquista, los pueblos indígenas fueron dados en encomienda a los soldados españoles o sus descendientes, quienes tenían la obligación de enseñarles la religión cristiana a cambio de un tributo fijado por la Corona. Además de piezas de ropa, manteles, equipales, algodón e ixtle, los pueblos indios tributaban a sus encomenderos una variedad de productos comestibles como cacao, guajolotes, maíz desgranado o en mazorca, frijol, tortugas y cántaros de miel. En los Tuxtlas el tributo entregado a Hernán Cortés incluía pescado, huevos, chile, sal y maíz. Estos productos, sin duda, cambiaron la mesa de los conquistadores españoles.

Paralelamente a las encomiendas y, después de ellas, también se entregaron mercedes de tierras comunales indígenas a colonos españoles para el establecimiento de hatos ganaderos. Grandes extensiones de tierras fueron despojadas a los indígenas en toda la región para entregárselas a los españoles, lo que trajo como consecuencia la desaparición de pueblos y bosques, y el empobrecimiento de la dieta indígena, al impedirles los hacendados colectar miel, plantas y frutos silvestres en sus terrenos, pescar, cazar o atrapar cangrejos en las playas o, en todo caso, darles permiso a cambio de varios días de trabajo (AGN, *Tierras, indios y tributos*, vol. 3603:13).

A todo esto hay que agregar los tributos que los pueblos tuvieron que pagar al régimen colonial al fenecer las encomiendas entrado el siglo XVII. La Corona sacaba a remate los tributos de las alcaldías mayores por determinada cantidad, misma que era pagada por un particular que se encargaba de cobrar con crecidas ganancias a los tributarios. Esto motivó numerosos abusos, pues los recaudadores cobraban los tributos en especie, en los géneros que mayor precio tuvieran en ese momento, duplicando el peso estipulado y tasándolo hasta a la tercera parte de su precio en el mercado. Los principales productos de la región que tributaban los pueblos indios eran el ixtle, la pita torcida, el algodón, el cacao y, en menor medida, la vainilla.

Es decir, que entonces, como ahora, se abandonó la producción local basada en la diversidad de productos, por una especializada, de productos regionales condicionada por el mercado. Esto cambió profundamente la cultura gastronómica del sur de Veracruz.

Muchos productos europeos fueron adoptados por los pueblos indios e incorporados a la cultura regional, considerando a veces como propias algunas variedades locales como el mango chongolongo, las vacas chichihuas, la naranja mateca o las cerdas enjutas de largo hocico conocidas como tarascas. Los cerdos se incorporaron no sólo a la gastronomía popoluca, sino a su cosmovisión, siendo fundamentales en las ceremonias fúnebres. Otro tanto sucede con los instrumentos musicales de cuerda, creándose variantes regionales de jaranas, bandolas y bandolinas para las danzas tradicionales y el son jarocho. Nos llevaría un amplio espacio enumerar los aportes mutuos de la cocina europea e indígena, trabajo que, por otra parte, ya se ha hecho.

La tercera raíz

Un tercer grupo humano, que numéricamente fue el segundo, contribuyó de manera importante al perfil cultural de la región durante la Colonia: los negros africanos y sus descendientes que trabajaron en las haciendas ganaderas de la zona desde mediados del siglo XVI. En efecto, los negros, mulatos y pardos pasaron de representar un 16 por ciento del total de la población regional a fines del siglo XVII al 27 por ciento a fines del siglo XVIII, mientras que los españoles pasaron de un 4 a un 15 por ciento, respectivamente; el resto de la población era indígena (Delgado, 1995).

El sur de Veracruz y noroeste de Tabasco, que entonces comprendían las alcaldías mayores de Acayucan, Cosamaloapan, Veracruz y el Marquesado del Valle, en los Tuxtlas, era conocido en la época colonial como la zona del Sotavento, término marinero que designaba a un espacio geográfico, administrativo y militar que creó una cultura muy particular, producto de la convivencia de indios, negros y españoles.

La región del Sotavento histórico es culturalmente caribeña desde tiempos prehispánicos. Es difícil precisar si se trata de préstamos del Caribe al Sotavento o viceversa, o si estos elementos tuvieron un desarrollo independiente, al margen de procesos difusionistas. Entre estos elementos etnográficos destacan el uso de tubérculos como la yuca, la malanga y el macal en la gastronomía tradicional (ya usados en tiempos prehispánicos por popolucas, chinantecos y mazatecos), el uso del arco y la flecha, la pesca con veneno (barbasco), la pesca en tapextles (en Pajapan, por ejemplo), la divinización de los árboles (como entre los mixes y, quizás, entre los olmecas), y otros elementos propiamente arqueológicos, aunque no exclusivos de la costa del Golfo, y que no necesariamente coinciden en el tiempo en ambas regiones de Mesoamérica y el Caribe, como la antropomorfización de las hachas de piedra ceremoniales entre olmecas y taínos, y los sellos o pintaderas, por sólo mencionar algunos.

Debido a la apropiación de varios de estos elementos por la población afromestiza del Caribe en la época colonial, existe una tendencia a considerarlos afrocaribeños. Entre los elementos gastronómicos afrocaribeños del sur de Veracruz, aunque no necesariamente llegados del Caribe, pero sí usados en gran medida por los afromestizos, destacan el uso de tubérculos, como la yuca, la malanga y el macal, ya nombrados, el sagú, usado en los Tuxtlas para hacer atole y panecillos, y el ñame, éste sí de origen africano.

Cabe mencionar también el vino de palma, una especie de aguamiel obtenido del corazón de las palmas de coyol y de marrachao; aunque este tipo de bebida era ampliamente conocido entre los indígenas, al parecer desde la época prehispánica, según consta en los escritos de varios cronistas coloniales (véase por ejemplo Mendieta); también en África el vino de palma era conocido por los grupos bantúes que llegaron a la región como esclavos (Forde, 1975). De hecho, aún existen diferencias sobre su uso en ambos grupos, mientras nahuas y popolucas usan el vino de palma con fines medicinales, en las regiones ganaderas con amplia

21

presencia afromestiza hasta hace algunas décadas era usado, aunque no ha sido olvidado, con fines básicamente de embriaguez.

Otro elemento, ya casi en desuso, es el llamado nescafé o pica pica mansa, una leguminosa rastrera silvestre de origen africano cuyas semillas se secaban, tostaban y molían para elaborar un sustituto del café. Actualmente se usa esta planta para abonar y regenerar suelos agrícolas, sin las inconveniencias de la variedad nativa de pica pica, cuyas vainas despiden un polvillo que causa gran escozor. Algunos investigadores, como Daniel Buckles, de la Universidad de Carleton, consideran que esta leguminosa se extendió por la costa del Golfo, desde el sur de Estados Unidos hasta Centroamérica, en la segunda mitad del siglo XIX, aunque consideramos que tal difusión debió darse al menos un siglo antes, cuando gran cantidad de negros y mulatos obtuvieron su libertad y se dedicaron a milperos itinerantes en la orillas de los ríos; en el sur de Veracruz estos milperos afromestizos se establecieron fundamentalmente en los ríos San Juan, Papaloapan, Hueyapan, Tesechoacán y Tonto.

Otra delicadeza gastronómica afromestiza del Sotavento histórico son el machuco y el mogo-mogo, tan característico de Acayucan y los Tuxtlas, comida hecha de plátano molido, conocida en el Caribe con el nombre africano de *mofongo*, como fufú o simplemente mogo.

Fuera de los elementos afrocaribeños mencionados, la gastronomía afromestiza se apropió fundamentalmente de elementos indígenas como el mole amarillo o amarillito, tan común entre chinantecos, popolucas y mazatecos, elaborado inicialmente con carne de tortuga o armadillo, aunque ahora se hace con carne de puerco; el pozol elaborado con cacao; los tamales; la tortilla y, en general, de las diferentes comidas elaboradas con maíz (Delgado, 1995).

La mesa cotidiana en el siglo XIX

Si bien la conquista y colonización española significaron un cambio profundo en la cultura, la estructura social y la economía indígenas, tras siglos de dominación, cambiaron sólo superficialmente a los pueblos indios del sur: la religión, las técnicas de cultivo, la construcción de las casas, entre otros elementos, continuaron casi inalterables. Una vez lograda la independencia, la alimentación cotidiana de las familias indígenas y mestizas pobres seguía siendo monótona y frugal: frijoles negros hervidos con epazote, tortillas de maíz o totopos, chiles, yuca, aguacate, malanga, camote, pozol, pinole, café y, a veces, algún tasajo de carne seca de res, un racimo de plátanos, además de tamales, atole y, ocasionalmente, algo de caza y pesca (Fossey, 1994; Charpenne, 1992).

Mathieu de Fossey, colono francés que participó en la malograda colonización del Coatzacoalcos, en 1830, refiere una cena que le fue ofrecida en la hacienda ganadera de San Nicolás, consistente en pescado fresco, compuesto con pasas, aceitunas, almendras, alcaparras y panocha (piloncillo), condimentos todos de origen europeo.

Más sofisticada fue la comida ofrecida en una casa de criollos en Tlacotalpan:

> Después de haber desplegado en un mantel de lienzo fino un número de pequeñas servilletas de algodón, igual al de cubiertos, trajeron a cada comensal una taza de caldo blancuzco y turbio, pero con todo bastante sabroso (estaría excelente este caldo si estuviera hecho por una cocinera inteligente, pues consta el puchero de jugos de diferentes carnes y verduras, como: vaca, jamón, carnero y gallina, y luego coles, plátanos maduros, camotes o sea batatas, muniatos, garbanzos, calabacitas harinosas y aún peras, en los lugares donde son asequibles); en seguida se sirvieron dos clases de sopas muy espesas, que se comieron con pan o tortilla; luego, vino el cocido compuesto de vaca, jamón y verduras, salsas con tomate o chile, pan partido en pedacitos en un plato y un montón de tortillas ardiendo envueltas en un paño.
>
> Se alzó este primer servicio cubriéndose la mesa sucesivamente de ocho a diez platos con chiles rellenos, huevos compuestos con queso, mole de pípila, puerco fresco guisado con calabacitas verdes, carne asada, ensalada y los sempiternos frijoles; con esta profusión estaban continuamente recargados nuestros platos de varios manjares a un tiempo.

Sin embargo, el desorden que reinó durante este segundo servicio me dio a conocer que el arte de poner una mesa está muy atrasado en estas comarcas; mas lo que me escandalizó sobremanera, y aun excitó mi mal humor mientras duró la comida, fue aquella cínica costumbre de eructar a que se entregan sin ceremonia los mexicanos, no importa donde estén, pero principalmente en la mesa.

Cuando se hubo despejado la mesa de este segundo servicio, se volvió a cubrir con varias clases de frutas: saboreáronse mis comensales con las tajadas rosadas de una sandía disforme, fruta, cuya carne deshaciéndose en agua dulcísima es muy refrigerante, pero para mí no tiene mérito sino cuando estoy de camino y me sofoca el calor. Después de haber circulado las fuentes de chicozapotes, de ruedas de naranjas, de piña y de lima, trajeron los dulces y los vasos de agua; entonces fue cuando bebimos por primera ocasión; pues no acostumbran los mexicanos beber mientras comen; y son muchos los que sólo comen dulces para calmar la sed. A veces, sin embargo, se sirve en el segundo servicio una botella de cristal con vino de Jerez; y todos beben en el mismo vaso; pero esto es más bien un obsequio que se hace a un extranjero que una costumbre.

Con esto concluye el festín; pero los criollos le agregan un nuevo excitativo de sensualidad, que es la aspiración del humo del tabaco; a esta sazón el cigarrito es para ellos lo que el café para nosotros: así es que se coloca en la mesa un braserito de plata, lleno de brasas cubiertas con cenizas; y cada cual se pone en disposición de arrollar entre sus dedos y preparar su cigarrito. Después de haberse deleitado con este nuevo gusto, se retiran a dormir la siesta, despertando una o dos horas después para empezar de nuevo a fumar hasta la hora de tomar el chocolate, de manera que un mexicano chupa regularmente de treinta a cuarenta cigarros diarios. (Fossey, 1992: 51).

Precisamente, los escasos franceses que decidieron quedarse en la región después del fracasado proyecto de colonización contribuyeron de manera importante a diversificar los tipos de pan, subsistiendo algunas variedades de pan francés en la actualidad, especialmente en Acayucan y Minatitlán, diferentes al clásico pan francés o bolillo.

La gran transformación del Sotavento

La gran transformación de los nichos ecológicos del Sotavento se dio en la segunda mitad del siglo XIX: se multiplicaron las haciendas ganaderas y los trapiches, las plantaciones tabacaleras, la explotación maderera, y las plantaciones de café, cacao y hule, llegándose a exportar sus productos por los puertos de Minatitlán, Sontecomapan, Tlacotalpan y Veracruz. Grandes extensiones de bosques desaparecieron, se desecaron pantanos, se abrió el Ferrocarril Transístmico y se inició la industria petrolera (*Informes de los gobernadores*, tomos I-IX). A fines del siglo XIX se abrió el ingenio de Cuatotolapan y posteriormente los de Lerdo de Tejada y de Coscapa, aunque este último cerró finalmente. En las décadas de los veinte y treinta de este siglo se cultivaron enormes extensiones de plátano en la cuenca del Coatzacoalcos, en terrenos ganados a la selva y al pantano y se inició la colonización de esta cuenca.

Las plantaciones, el ferrocarril y la industria petrolera atrajeron nuevos actores sociales a la región: una importante migración afrocaribeña, comerciantes chinos y libaneses, pescadores coreanos, administradores y empleados ingleses y una gran corriente migratoria pendular de zapotecos del Istmo. A fines del siglo pasado numerosos grupos de zapotecos del distrito de Villalta, Oaxaca, se establecieron en Playa Vicente, procedentes sobre todo de Yalalag, Betaza y Zoogocho. Este mosaico humano se enriqueció con el reacomodo de pueblos afectados por la construcción de grandes obras de infraestructura hidráulica en la cuenca del Papaloapan a partir de los cincuenta: mazatecos, mixtecos y chinantecos en Playa Vicente y estos últimos en el Uxpanapan en los setenta, al lado de totonacos que llegaron por esos años a colonizar los últimos reductos de selva. La erupción del volcán Chichonal en los ochenta provocó la llegada de grupos zoques también al valle de Uxpanapan.

Toda esta diversidad se ve reflejada en los estereotipos y guisados típicos de pueblos, ciudades y grupos. A los nativos de Oluta se les conoce como jicameros, debido a la producción ancestral de este tubérculo, mientras que a los jaltipanecos se les llama chogosteros a causa de la producción y consumo de una arcilla especial llamada chogosta. Acayucan tiene como comida tradicional al mogo mogo y los acayuqueños son conocidos como "piedra de agua" desde principios del siglo, debido a su desconocimiento, real o ficticio, de lo que era el hielo. Catemaco es famoso por su producción de pescadillos llamados topotes y de unos caracoles de agua dulce llamados tegogolos; en tanto que la bebida típica de Santiago Tuxtla, es el chochogo, un vino elaborado con una uvilla silvestre. Nuevo Ixcatlán destaca por sus tamales y tortillas hechos a base de yuca, y por su mole; mientras que El Nigromante se caracteriza por su mole oaxaqueño y sus tortillas tlayudas. En Tonalá es posible comer las tortillas de ajo, influencia del vecino estado de Tabasco, en tanto que Soteapan y varias comunidades de los Tuxtlas se caracterizan por su caldo colorado o tatabiguiyayo, hecho con caldo de res y achiote, propio de sus fiestas ceremoniales, como mayordomías, bodas y veladas de santos (Bustamante, 1996).

San Andrés Tuxtla se caracteriza por sus totopostes, gasnates, chinines y paletas de chagalapoli. Las decenas de mayordomías zapotecas de Minatitlán, Coatzacoalcos, Nanchital, Las Choapas, Agua Dulce y Acayucan, despliegan la rica cocina istmeña prácticamente durante todo el año, mientras que en Minatitlán y Coatzacoalcos es obligada la visita a los restaurantes y cafés de chinos.

En los mercados de Acayucan, Minatitlán y Coatzacoalcos los tacos de cabeza de res y de tripa son comunes, al tiempo que es posible encontrar a las zapotecas vendiendo su camarón seco, pescado ahumado, quesos y crema. El municipio de Jesús Carranza es famoso por sus naranjas, mientras que Hueyapan de Ocampo, Cabada y Lerdo de Tejada lo son por su producción de caña, San Andrés Tuxtla por su producción y elaboración de puros y Rodríguez Clara e Isla por la de piña. Jesús Carranza, San Juan Evangelista, Isla, Rodríguez Clara y Playa Vicente destacan por su ganadería.

Aunque los olutecos reclaman para sí el honor de ser inventores del popo, lo cierto es que esta bebida tradicional se encuentra entre nahuas, popolucas, chinantecos y mazatecos, desde Tuxtepec hasta Cosoleacaque.

Otras comidas típicas de la región son los mayacastes, los camaroncillos reculadores, los pichiches, el galambao, la poposchquela, las pochitocas, el peje lagarto, los tamales de capita, los tamales de frijol chipo, los tamales de chipile, las huayas, el paqui, el chochogo, el caimito y muchas más.

La agonía del Tlalocan

El impacto de la ganadería y la industrialización en los ecosistemas también se manifiesta en la gastronomía tradicional: muchas especies vegetales y animales que complementaban la dieta regional han desaparecido o están en vías de hacerlo próximamente. En los montes se reproducía gran variedad de frutales nativos, muchos de los cuales ya casi ni en los patios caseros se encuentran, como el árbol del chicle, a cuya savia los niños agregaban sabor con jugo de frutas o miel. Según la temporada se puede (o podía) comer ilama, guanábana, huaya, paqui, tepetaca, anona, huitzama, chicozapote, zapote prieto, zapote mono, mamey, jinicuil, papaya silvestre (oreja de mico), caimito, jicaco, totoloche (agrás o chochogo, una uva silvestre), chagalapoli, jobo, pitahayas, maracuyá, guayaba o nanche, frutos que crecían silvestres.

Otros frutales se cultivaban o cultivan en los patios de las casas como los diferentes tipos de mangos (manila, criollo, petacón, chongolongo), cítricos (naranjas, limones, limas, pomelas, toronjas, mandarinas), plátanos (bolsa, macho, manzano, roatán), piña, aguacate, chinini, cacao, coco, caña, ciruela y otros. A veces se dispone en las casas de una pequeña finca o cafetal que incluye varios de estos frutales.

Varios productos para condimentar los guisados son de recolección o se cultivan en el solar casero como el chipile, el chonegue, la vainilla, el cocolmeca, los chochogos (inflorescencia de una especie de platanillo), las flores de cocuite y gasparito, el acuyo, la verdolaga, el quelite, el patelolote (llamada también malacueta, pimienta silvestre o de Tabasco), el chompipe o el axquiote (empleados para hacer una bebida tradicional espumosa parecida al chocolate llamada popo), el cacapache (usado para hacer agua fresca), la chaya mansa, el achiote, el chipile y muchos más.

Aún persiste el uso de tubérculos como la malanga, el chayoteste (la raíz del chayote), el sagú, el macal, la yuca, el ñame, la jícama, una especie de papa silvestre que crece en la selva y los distintos tipos de camotes. Por su parte, el barbasco tuvo más bien un uso medicinal y para la pesca de río, usándolo como veneno. Un tubérculo más, de uso mágico, es el camote del apixi o mafafa, usado en la contramagia y en las ofrendas a los santos, sobre todo San Cirilo, Santiago Jacobo Caballero y la Virgen de Guadalupe. El uso del apixi, al decir de los mecayapeños, fue copiado de los popolucas y entre los nahuas sólo parecen usarlo los de los municipios de Mecayapan y Tatahuicapan. En temporadas de hambre, por ejemplo durante la revolución, los indígenas hervían dos o tres veces el camote del apixi, tirando el agua después de cada hervor para eliminar las toxinas y hacerlo comestible.

La milpa se hacía (porque se está perdiendo) combinando el cultivo del maíz con diferentes tipos de frijoles criollos, calabazas, cebollines, chayotes, cacahuates y otras especies que crecen silvestres y complementan la dieta como el chipile y el quelite. De hecho, los popolucas desarrollaron 16 variedades criollas de maíz y recientemente adoptaron una más, el maíz juchiteco, lo que habla del profundo conocimiento de su entorno.

La gastronomía indígena incluía exquisiteces como el mole amarillo de tortuga o armadillo, los huevos de iguana o tortuga, el caldo de piedra (ya desaparecido en la región y usado, sobre todo, por los chinantecos y popolucas), los tamales de chipile, de coyol, de frijol chipo, los chanchamitos, el vino de palma, el mogo mogo (plátano machacado), diferentes atoles y salsas, además de la carne de monte, como tejón, mapache, marín, serete, tepescuintle, tlacuache, venado, jabalí, tortugas (pochitocas, tres lomos, chopontil, etcétera), y especies marinas: tegogolos, ostiones, jaibas, almejas, camarones (de mar, mayacaxte, reculador), peces de mar y agua dulce, como el robalo, peje lagarto, ajolote, mero, pargo, bonito, juile, etcétera, y otras especies, muchas de las cuales desgraciadamente ya desaparecieron.

Varias especies recolectadas o cultivadas en el solar tenían un uso distinto al gastronómico, como el ixtle, empleado para tejer lazos y redes; el hule, utilizado para impermeabilizar mangas; el coyol y la copra, usados para hacer jabón y aceite; o el hueso de mamey, para hacer un aceite cosmético y medicinal llamado pixte.

Esta variedad y diversidad de usos de los recursos naturales está desapareciendo aceleradamente ante el avance de la ganadería que arrasa selvas y acahuales, deseca pantanos y esteros y cubre áreas de cultivo, empobreciendo la comida tradicional, la cultura e incluso la lengua indígena, al privar a las palabras de sus referentes concretos. Esta situación se agudiza por el uso intensivo de herbicidas, empleados cada vez más en los últimos años en sustitución del machete, y el tractor, que matan toda especie vegetal silvestre asociada al cultivo como el chipile y el tomatillo y propician el desarrollo de plagas al acabar con toda clase de insectos, benéficos o no.

Ante esta enorme variedad de flora y fauna no es casual que desde tiempos prehispánicos se haya considerado a la región de los Tuxtlas como el Tlalocan, uno de los paraísos de la cosmogonía mesoamericana presidido por Tlaloc, el dios de la lluvia y plasmado en el mural de Teotihuacan. Aún hoy las tradiciones nahuas y popolucas ubican al Taalogan (como se le llama en la variante local del nahua) bajo la sierra de los Tuxtlas y lo consideran un mundo mágico. El Taalogan es un mundo subterráneo regido por Chane, señor del monte y los animales, bajo cuyo mando están los chaneques, espíritus o duendes menores al cuidado de especies animales, cascadas, cerros, cuevas, lagunas y selvas que también sirven de entrada al Taalogan. Este inframundo es un lugar de abundancia, donde hay manantiales de miel y muchos animales salvajes que sirven en la vida cotidiana de los chaneques: los armadillos son los asientos del chaneque, las culebras sus mecapales, los lagartos sus cayucos, los coyotes sus perros, los jabalíes sus puercos, los venados sus vacas, los tigres sus gatos y los faisanes sus gallinas. Ahí viven los chanecos con sus familias y forman pueblos, co-

29

mo los hombres. Al amanecer los chanecos sacan a los animales silvestres a la tierra, Taali, donde viven los hombres, y los meten al atardecer. Curan a los animales malheridos por los cazadores y castigan a quienes desperdician el producto de la cacería o de la pesca o le dan de él a sus amantes.

En sus correrías por la tierra los chaneques capturan la "sombra" de las personas. Para dejar libres las sombras de los humanos se les tiene que dar copal y flores, mismos que en el Taalogan convierten en abundantes tesoros. También suelen perder a los cazadores o personas que salen al monte sin ninguna protección mágica, como la quema de incienso. Para encontrar el camino de regreso se parte un bejuco a lo largo y se pasa a través de él, a manera de puerta (García de León, 1976), o se pone al revés la camisa para anular el hechizo.

Hoy chane no saca a pastar sus animales, las riquezas se han quedado bajo tierra, en el Tlalocan, que después de 35 siglos niega la abundancia a sus hijos en la tierra. Ante la agonía del Tlalocan, los pajapeños esperan el regreso de chane en forma de una gran escultura de basalto que los arqueólogos bajaron del cerro San Martín y a la que rindieron culto hasta 1962. Mientras, los populucas esperan que Homshuk, el dios del maíz, llamado Sintiopi o Tamakatzin por los nahuas, creador del mundo y vencedor del rayo viejo del sur, se apiade de sus hijos y devuelva la abundancia que se ha llevado la modernidad.

Alfredo Delgado Calderón

Panorámica actual

El sur de Veracruz es una región profundamente rica en recursos naturales pues posee un reducto de selva tropical cuya flora y fauna son de las más variadas del mundo. Aunado a ello tiene una enorme diversidad cultural ya que, además de conservar importantes vestigios de la llamada cultura madre de Mesoamérica, la olmeca, está marcada por el cruce de otras herencias, originadas principalmente a partir de las migraciones de franceses, coreanos y chinos en lo que actualmente es el Corredor Industrial Jáltipan-Minatitlán-Coatzacoalcos.

Para contribuir aún más a esa diversidad cultural, subsiste en la región una elevada etnicidad que le otorga la presencia de nahuas, popolucas y grupos de desplazados (del estado de Oaxaca): mixtecos, mazatecos chinantecos, zapotecos, que fueron reubicados en territorio veracruzano hacia 1946 a raíz de la construcción de las presas hidráulicas Miguel Alemán y Cerro de Oro. Esos grupos constituyen un factor elemental para comprender el proceso cultural que nutre las costumbres y tradiciones del sur de Veracruz entre ellas la música, el arte popular (indumentaria tradicional, carpintería, laudería, etcétera), la tradición oral, la lengua y la literatura. Pese a todo, esta zona puede aun dar grandes aportes al quehacer antropológico.

En atención a esa certeza de que subyace un enorme legado cultural, no del todo estudiado en el istmo veracruzano, en distintos periodos se han hecho intentos serios por parte de instituciones como la Universidad Veracruzana (UV), el Instituto Nacional Indigenista (INI), el Instituto Nacional de Antropología e Historia (INAH), la Universidad Nacional Autónoma de México (UNAM), el Centro de Investigaciones y Estudios Superiores en Antropología Social (CIESAS-Golfo), y de la propia Dirección General de Culturas Populares, a través de su Unidad Regional Acayucan, así co-

31

mo de universidades extranjeras, para estudiar la región mediante proyectos arqueológicos, lingüísticos, de memoria histórica o tradición oral, entre otros muchos.

No obstante, las investigaciones de esa riqueza histórico-cultural no se han reflejado en un aspecto particularmente interesante: la gastronomía tradicional, que en el istmo veracruzano se mantiene en un proceso dinámico (aún se utiliza el fogón para cocer los frijoles, todavía las mujeres hacen dulces de coco que venden de casa en casa y recolectan en el campo el quelite, la yerbamora o el chipile, con los que preparan frugales guisos).

Contrariamente, ese dinamismo gastronómico no se refleja en investigaciones académicas de carácter histórico-antropológico, con excepción de algunos valiosos registros (que no obstante se quedan en la mansa superficie de las recetas de cocina) editados por algunas instituciones como el Instituto Veracruzano de Cultura (*Cocina veracruzana de cuaresma*, 1995; *La cocina afromestiza en Veracruz*, 1995; por citar sólo dos títulos), pasando por la mención apenas bosquejada de ciertos alimentos que son comunes en mayordomías del sur de Veracruz y Tabasco, los cuales se registran en el libro *La morada de los Santos. Fiestas de los pueblos indígenas*, publicado por el INI (Miguel Angel Rubio, 1995).

Falta profundizar en este ámbito, es menester historiar la gastronomía, introducirse en los recovecos que va dejando la memoria histórica de los pueblos y comunidades, para conocer cómo han sido la comida, las cocinas; qué alimentos se han servido en las mesas de los grandes señores —entre ellos, los altos dignatarios que regían tierras mesoamericanas—, y cuáles han sido los sabores y olores degustados por los pueblos en el devenir de los siglos.

Aromas... sabores...

De un punto a otro del país se modifica la culinaria tradicional, lo que se come en un estado a menudo resulta extraño en otro; es tan variada nuestra gastronomía como lo son el clima, el idioma, la música o las formas de concebir el mundo entre quienes poblamos el "México profundo".

Nada tan ilustrativo para mostrar nuestras diferencias como las infinitas posibilidades que ofrece la cocina mexicana; y ¡de qué otra forma podría ser!, si ésta es resultado de la mezcla de muchas culturas.

En nuestra mesa se unen de maravilla platillos que son herencia indígena, española, negra, árabe y a los que con el paso de los siglos se les ha agregado el particular "sazón" de cada espacio geográfico. A lo anterior se suman los recursos naturales específicos con que se cuenta, esto es, la flora y fauna locales, convirtiendo con ello a la comida tradicional en el perfecto reflejo de la diversidad cultural de nuestro suelo, donde coexisten en armonía, particularmente en el caso de la gastronomía, los múltiples orígenes. Por ello ha sorprendido a los viajeros de todas las épocas la exquisitez de la cocina mexicana, tan distinta del norte al sur.

El sur de Veracruz no podía ser excepción, y mucho menos si se toma en cuenta que su flora y fauna se han catalogado entre las más variadas del planeta. Esos recursos y la inventiva del veracruzano y del sureño, modificaron paulatinamente la cocina tradicional en un abigarrado mundo de olores, sabores, colores y texturas cuyas combinaciones no parecen agotarse nunca.

Para el caso de la comida tradicional indígena existe una muy conocida que es el *taxogouil*, carne cocida en su misma grasa, acompañada con frijol de olla y con una salsa de chile piquín o coachile, cebollín, tomate criollo y limón. Esta comida típica se sirve en mayordomías, tequios, casamientos y fiestas familiares.

Los popolucas de Soteapan preparan el mole amarillo —antiguamente con carne de tortuga, ahora sustituida por la de res o pollo—, acompañado con una yerba conocida como moste, masa, cebolla, tomate, especias y chayote.

Entre los vegetales, hojas, tubérculos, raíces y plantas que constituyen la dieta de los pueblos indígenas, se encuentra la palma llamada chocho (*Astrocarium mexicanum*), que crece silvestre, lejos o cerca de las poblaciones que aún tienen la fortuna de estar rodeadas por lugares montañosos o selva. Hace algunos lustros, si el hombre o la mujer campesina salían en busca de chocho perdían un día completo para proveerse de lo suficiente para alimentar a la familia completa, puesto que habían de internarse en intrincadas regiones selváticas o boscosas hoy destruidas en gran parte.

El chocho se come crudo, asado o guisado. Para guisarlo se fríe con aceite o manteca, añadiéndole jitomates y otros ingredientes que puedan darle buen sazón, respetando siempre la forma en que la familia acostumbra prepararlos. Antes de preparar los chochos se les quitan las espinas; aprovechándose también las flores y el cogollo.

Existe otra planta silvestre endémica de las montañas, aunque a veces es posible encontrarla en alguna cantera o en peñascos. Se conoce con el nombre de tepejilote (*Chamaedorea tepejilote*), se come asada o cruda y al no tener espinas, se facilita su recolección. Entre los popolucas de Santa Rosa Loma Larga es costumbre comerla en ensalada, por lo que se pica finamente aderezándola con sal y limón.

Sin embargo, la comida tradicional en el sur de Veracruz no es sólo indígena, existe una abigarrada combinación de alimentos preparados a partir de frutales o tubérculos traídos de África durante la conquista, entre ellos el plátano macho, la yuca o el coco.

Indiscutido patrimonio gastronómico de América Latina es, hoy en día, el plátano; en el istmo veracruzano puede comerse cocido, frito, relleno; en dulce, asado, en caldo. Desde los Tuxtlas hasta Acayucan y en la región de los Llanos ¿quién no recuerda el sabor dulce o salado —según lo prefiriera la madre o cocinera—, del *mogomogo*?; acompañaba los desayunos o las cenas en los días de la infancia y no era otra cosa que plátano cocido machacado, guisado bien con manteca, *mosmocho* (chicharrón molido) y sal, o con manteca, canela y azúcar.

Sin faltar, por supuesto, el ingreso del plátano macho verde al mercado de las golosinas chatarra donde compite en los parques públicos con las papas fritas al venderse en tiras largas que se fríen, se embolsan y se acompañan con salsa roja, haciendo la delicia de niños y adultos.

Entre la población mestiza llaman la atención las formas y

sabores que adquieren la yuca y el coco, aún cuando hay escasos registros sobre ello. Lo mismo sucede con bebidas como el popo —si bien de origen indígena, ya que sus ingredientes principales, el cacao y el maíz, aparecen como dos de los principales cultivos de los pueblos prehispánicos pertenecientes al señorío de Coatzacoalco hacia 1599 (Cruz Martínez, Florentino, 1990)—, y que ha adquirido carácter regional y se sirve en todas las mesas, humildes o ricas, sin olvidar que se encuentra ligado a las fiestas tradicionales; por ejemplo, es la bebida típica durante las fiestas patronales del 24 de junio en honor a San Juan Bautista en la población de Oluta, en las de San Martín Obispo el 10 y 11 de noviembre en Acayucan o en la fiesta de la sal, en Soconusco, el 3 de mayo.

De la misma manera en la zona subsiste, especialmente en Acayucan, una fuerte influencia de los pueblos del norte de Oaxaca, principalmente de los zapotecos asentados en la localidad en las últimas décadas, quienes han traído consigo no sólo la exquisitez y magnificencia de sus enaguas y joyas; la hospitalidad y el dispendio con que celebran sus fiestas —especialmente la de san Diego de Alcalá el 12 de noviembre— sino también, e inevitablemente, su arte culinario, hoy asimilado plenamente a la cotidianidad de Acayucan en los rebosantes puestos del mercado donde se consiguen el camarón seco, el totopo (tortilla de maíz tostada), la crema y el queso, sin faltar los alimentos ya preparados como las enchiladas de mole colorado, el champurrado de "puro cacao", las tortitas de cabeza de camarón o el famosísimo mole oaxaqueño.

Los cambios en el ambiente y la modificación de la gastronomía

La tala indiscriminada de los recursos forestales de la selva y sierra de Santa Martha y San Martín que practican incluso los mismos lugareños a través de la tala hormiga, así como la conversión de grandes extensiones selváticas en potreros destinados a la ganadería extensiva, prácticamente exterminaron la selva alta y baja perennifolia de la sierra de los Tuxtlas y Santa Martha, destruyendo uno de los ecosistemas más complejos y completos del planeta.

Los municipios de Pajapan, Mecayapan, Soteapan, Hueyapan de Ocampo —habitados mayoritariamente por indígenas nahuas y popolucas— poseen extensiones cada vez más amplias de tierra árida, devastada, agotada e improductiva, donde las milenarias técnicas tradicionales indígenas de siembra: la mano vuelta, el tapachole, el pica-pica mansa —herbicida natural— se sustituyeron por agroquímicos, lo cual trajo aparejada no sólo la destrucción de la maleza, sino de aquellas yerbas o plantas silvestres que crecían entre las milpas: quelite, verdolaga, hongos comestibles que se preparaban y servían como único guiso o bien eran ingredientes básicos de otros alimentos.

Entre esas plantas comestibles puede citarse el moste (*Clerodendrum lingustrinum Jaca*), yerba con la que se elaboraba una especie de mole acompañado con carne de animales de monte y hoy, debido a la extinción de la fauna silvestre, de carne de res o puerco.

La desaparición de grandes áreas de bosques para dedicarlas a la ganadería y la siembra de monocultivos: sorgo, arroz, frijol, impiden los policultivos que antaño enriquecían su dieta, entre éstos, jitomate, maíz, hortalizas, tubérculos.

Otro factor decisivo en la variación de la dieta de nahuas y popolucas es la contaminación de ríos y arroyos por lo que han dejado de ser fuente de una gran variedad de peces y mariscos; ya que las cuencas hidrológicas son el destino final de las aguas residuales de muchos pueblos y ciudades del sur de Veracruz que carecen de sistemas de drenaje y plantas de tratamiento de las aguas negras. Eso ha obligado a los pueblos ribereños a modificar su dieta.

El deterioro del ambiente ocasionó, también, la extinción de una considerable variedad de fauna silvestre y acuática, entre ellas venado, zerete, armadillo, tortuga blanca, pochitoca y chopontil; tepezcuintle, camarón reculador, nácaras, pejelagarto, robalo, mojarra, topote, faisán, zanate, pichichi, chachalaca, poshposquela y perdiz.

Las frutas, que escasamente se consiguen, son pomarrosa, zapote mamey, cacao, capulín, nanche, caimito, paqui, guaya y huitzama.

Las regiones interiores

En este trabajo damos a conocer las recetas más representativas de las regiones o subregiones que conforman el sur de Veracruz: la sierra de Santa Martha, los Tuxtlas, los llanos, la cuenca del Coatzacoalcos y el Corredor Industrial. Sólo dejamos fuera el valle de Uxpanapan, poblado por chinantecos, zoques, totonacos y zapotecos del Istmo, pero de reciente colonización.

Entendemos por sur de Veracruz el área que comprende desde el río Papaloapan hasta el río Tonalá al norte y sur, limitada por los estados de Oaxaca, Chiapas y Tabasco al oeste y sur, y por el Golfo de México al este. A grandes rasgos este espacio corresponde al llamado Sotavento histórico.

Esperanza Arias Rodríguez

SIERRA DE SANTA MARTHA

La sierra de Santa Martha o de Soteapan está compuesta por los municipios de Pajapan, Tatahuicapan, Mecayapan, Soteapan y Hueyapan de Ocampo. Los tres primeros tienen una población indígena mayoritariamente nahua y los otros dos popolucas.

Pese a su vecindad, los nahuas de Pajapan y Mecayapan tienen variantes dialectales diferentes, en tanto que los popolucas de la sierra hablan la variante zoque popoluca en contraste con los de la parte baja, que se expresan en mixe popoluca, excepto en Texistepec, donde igualmente utilizan el zoque.

Los popolucas de la sierra son, en promedio, 25 000 hablantes, habitan en comunidades de los municipios de Soteapan y Hueyapan de Ocampo, Veracruz.

Estos municipios se encuentran ubicados en la parte sur de la sierra de los Tuxtlas, en la región conocida como la sierra de Soteapan o sierra de Santa Martha, al norte de la ciudad de Acayucan y al poniente del Corredor Industrial conformado por Coatzacoalcos, Minatitlán y Cosoleacaque.

La *Relación geográfica de 1777* nos da una idea de la abundancia de recursos naturales:

Este país es abundante de frutas de temperamento cálido, como son plátanos, aguacates de varias especies, zapotes encarnados y dulces que llaman mamayes; otros pequeños dulces que llaman chicos, de color musgo y otros mayores de color amarillo muy dulces que llaman dominicos. Hay también mucha naranja dulce que llaman villana, hay mucha lima y limones, y una especie de vaina como de una tercia nombrada cuajinicuile de comida muy dulce, que se cosecha por junio. Hay otra especie de zapote negro del tamaño de una cebolla, que son dulces y estomacales, que se cosechan por octubre, y los anteriores en el verano. Hay muchos zapotillos medianos, amarillos, muy dulces, que se cosechan por agosto. Y otra especie de fruta semejante a la chirimoya nombrada anona, muy dulce, blanca y morada que se cosechan por junio. Y muchas palmas de coco que se cosechan en todo el año. Y otra fruta agridulce, redonda como una nuez, que llaman huaya, de color anteado que se cosecha por junio también. Y de plantas menores, hay muchas piñas y una especie de fruta anteada y dulce, semejante al melón aunque más pequeña que nombran papaya. Y también se dan buenas sandías y melones y caña de azúcar, de que hacen panela y melado (...).

Y de frutos silvestres se da una especie que nombran pitahaya, encarnada y amarilla del tamaño de un aguacate mediano, dulces y gustosas, que por frescas aprovechan y se cosechan por septiembre; también abunda este país de mucha parra silvestre, y da una especie de uva dulce del mismo color y tamaño de la uva mansa, y de ellas se hace vinagre, de la fortaleza del que viene de Europa y a esta fruta nombran totoloche y se cosecha por noviembre. También hay mucho árbol silvestre, de madera muy fuerte y altura igual a la palma, nombrado quapaque, y da una fruta como de la avellana, agridulce como el tamarindo, que se da por junio. Y otro árbol mediano nombrado nanche, que da una fruta amarilla y dulce, menor que una avellana, de que esta injerta la mucha copia de encinales en este país. Y en la costa, hacia el norte, hay otra fruta dulce poco mayor que la aceituna, nombrada hicaios, de color negro, blanco y encarnado, que se cogen en agosto.

De animales domésticos, se crían gatos, cerdos y perros. Y de los animales silvestres, hay mucho venado, jabalíes de varias especies; conejos, y otra especie de animal mayor que el conejo, que tiene hocico como el cerdo y la cola muy larga, que nombran tejón, de dos especies; y cocidos y bien sazonados, es gustosa vianda. Y otra especie de animal de igual tamaño y sin cola nombrado quaquequeche; y sazonado también es muy gustoso. Hay otro animal, como un cerdo pequeño, que tiene concha y trompa, nombrado armadillo, que bien sazonado es más gustoso que la gallina. Hay también muchas ardillas de varios colores y monos de varias especies. Y otro animal del tamaño y fisonomía de un perrito, que sazonado es muy gustoso y se nombra tepeizcuintle. Hay mucho tigre y león y otro animal como la zorra, o perro silvestre, que nombran coyote; y hacen gran perjuicio a la cría del ganado vacuno. De las aves domésticas crían los indios muchos pavos que llaman guajolotes, y gallinas, que son las únicas aves domésticas. Y de las silvestres se crían en los campos muchos pavos o guajolotes, mucho faisán, perdices, chachalacas, palomas de varias especies, muchos loros y otra especie que nombran pericos, de color verde unos y otros, y otras mayores matizadas de encarnado, amarillo y azul que nombran guacamayas. Y de pajarillos músicos hay zenzontles, calandrias, pintadas de negro y amarillo, y otros pajarillos de igual tamaño y color encarnado nombrados cardenales. Hay mucho tordo grande y chico y otra ave mayor de color aplomado y pecho blanco nombrado pepe. Y otra de igual tamaño, de color envinado y el pecho amarillo nombrada zagua; esta ave y la antecedente hacen mucho daño a las sementeras... (*Relación de Chinameca 1777*, Francisco Antonio Camacho).

Alimentos de tierra

En ese espacio geográfico la flora es fundamental para la alimentación de los habitantes de las zonas indígenas que comprenden la sierra de Soteapan, puesto que aquí en los campos donde se produce el maíz y el frijol, de manera intercalada entre los surcos, si el campesino no ocupa los agroquímicos para explotar más la tierra, se cosechan para el consumo humano desde los quelites o yerbamora, los chipiles, el papaloquelite, la verdolaga, el frijol "nacido" (silvestre) así como tomachiles, calabazas, yucas, camotes, jícamas, frijoles planos, plátanos, sandías, malangas o berros; también se cultiva o reproduce el acuyo o yerba santa, epazote, moste, perejil, orégano y comino; éstos últimos son saborizantes de los diferentes alimentos que se preparan en la región.

Además de lo que aportan los montes, se cosecha gran variedad de hongos comestibles de los que se puede mencionar el hongo amarillo que se produce en las encineras y el blanco producido por la descomposición de ciertas maderas.

Alimentos que provee la fauna

La sierra de Santa Martha cuenta con una gran variedad de platillos que provienen de la fauna silvestre, ya que por su ubicación geográfica y al encontrarse en las faldas de los cerros de Santa Martha y San Martín, todavía hay comunidades, especialmente las que se ubican en las partes más altas, donde los alimentos comunes son la carne de mazate, el tepezcuintle, mapache, armadillo, conejos, ardillas, tuzas, etcétera.

Los ríos y lagunas son surtidores naturales y pródigos de mojarras, truchas, guabinas, pepescas, bobos, juiles, caracoles, tegogolos, mayacastes y camarones.

La gastronomía regional y la tecnología para la producción alimentaria

La tecnología alimentaria de esta región es aún bastante tradicional como la molienda, en la cual se utiliza el metate o molino de mano, mientras que para los cocimientos se emplean enormes pailas o cubetas de lámina, ollas de peltre o de barro; lo mismo sucede con las comidas cotidianas donde predominan esos mismos utensilios. Es necesario comentar que la preparación de los alimentos asociados a festejos o rituales es un proceso colectivo en el que normalmente participan las familias vecinas. Esa tecnología tradicional se complementa con el uso de leña de encino para hacer el fuego en fogones típicos.

Sin embargo, la modernidad también obliga a las modificaciones en los implementos de cocina, por ejemplo, poco a poco en las casas se sustituye el molino de mano por las licuadoras y la paila y cazuelas de barro por las vaporeras, estufas y hornos. Hay, además, una apropiación de los utensilios eléctricos para el preparado de los guisos.

Las cocinas

Las cocinas ocupan un lugar especial en las comunidades. En su mayoría la gente cuenta con casas de una pieza, que son al mismo tiempo cocina, dormitorio y sala de reuniones de la familia, es decir, hay un solo recinto para la convivencia familiar. Por ello, en una de las esquinas, casi siempre al lado derecho de la puerta de entrada, encontramos un fogón o, en su caso, tres piedras a las que se les da el nombre de tenamastes donde se junta la lumbre y se palmean las tortillas, se cuecen los frijoles, el maíz nixtamalizado o se elaboran los alimentos.

Las cocinas son rústicas y los guisos se hacen casi al ras del suelo, como ejemplo puede decirse que en las mayordomías, bodas, cumpleaños, novenarios y cabos de año siempre se sigue este procedimiento.

Los ingredientes básicos

En vez de los ingredientes naturales asequibles a las comunidades se está optando por productos enlatados o embolsados; ahora se prefieren las yerbas aromáticas —comino, epazote, perejil— ya procesadas, con ello se desvirtúa la originalidad de la gastronomía tradicional.

Cómo se organizan las comunidades alrededor de la gastronomía

La organización social está acorde con las diferentes formas del quehacer gastronómico, puesto que para todo evento social sean estos bautizos, bodas, quinceaños, mortuorios, novenarios, eventos inaugurales, hay un modo especial de preparar los alimentos en las comunidades.

La representación más fiel de esa organización son las mayordomías en las que, por tener profundas connotaciones religiosas, la sociedad participa en forma voluntaria y entusiasta cuando se llevan a cabo las veladas con la imagen correspondiente para cada mayordomía.

La comunidad indígena casi siempre está inmersa en la producción gastronómica, especialmente la de cada mayordomía, ya que allí coopera la familia entera, tanto de la localidad como de lugares aledaños; esa unión filial se refleja también en otros acontecimientos y eventos sociales.

Al momento de preparar los guisos en la sociedad indígena las mujeres son el pilar fundamental, pues son quienes conocen los alimentos adecuados para cada festividad, sus ingredientes y la manera de elaborarlos. Los hombres participan mínimamente, la mayoría de las veces su función se limita a conseguir la leña y los utensilios más pesados, acondicionar el fogón o sacrificar las reses o los puercos. Los niños, en la gastronomía regional, son participantes pasivos, no así las niñas que desde temprana edad aprenden a palmear las tortillas, acarrear agua, atizar el fuego y, ya mayorcitas, son iniciadas en el conocimiento de los secretos culinarios.

Los conocimientos gastronómicos se transmiten generación

tras generación, de familia a familia. Esa responsabilidad recae en las mujeres quienes los enseñan de manera oral a sus hijas, hermanas y vecinas; por esa razón se carece de registros escritos de la mayor parte de las recetas.

En la familia la transmisión de los conocimientos corresponde a la madre y, en la sociedad, a las ancianas que los imparten a las jóvenes y niñas; excepcionalmente, los señores toman parte en la enseñanza oral de los conocimientos.

Al mismo tiempo que se busca preservar el saber culinario, se dan pérdidas culturales originadas por la emigración de las nuevas generaciones a otras comunidades de la región indígena o hacia ciudades urbanas del entorno inmediato o más lejanas. Allá aprenden otras formas de comer y preparar los alimentos y, además, agregan ingredientes ajenos a la localidad. Esos factores han modificado o desvirtuado la comida tradicional.

Las comidas cotidianas

En las comunidades indígenas las comidas cotidianas son frijoles en caldo o cerreros; el arroz "sancochado"; el quelite en caldo, en mole de masa y con ejotes; los huevos cocidos, en caldo de epazote, estrellados y en caldo de tomate de rancho.

Son comunes también el caldo de pollo con arroz, el de res con arroz; el pollo asado y pato en mole verde y masa; los tamales de masa con "presa" (trozos de carne de res, puerco o pollo), y de chipile, así como el chipile en caldo, sopa de pasta en caldo, mojarras y camarones en caldo.

Comidas festivas

Las comidas festivas ofrecen carne de res en caldo y de res asada; caldos de pollo, carnitas de cerdo refritas, tamales de masa con carne de cerdo o con carne de pollo, las mojarras en caldo. Entre las comidas que llegaron de otros lugares, y ahora son parte de la comida tradicional, se encuentran el mole con pollo o guajolote y la barbacoa de res, además del tradicional mole amarillo natural con carne picada o "picadillo" como se le conoce. El caldo rojo de res o tatabiguiyayo, es común entre los nahuas de los Tuxtlas y los popolucas de Soteapan, quienes lo consumen preferentemente en las mayordomías y bodas (Bustamante, 1996).

Comidas rituales

En este aspecto podemos especificar lo siguiente: el tamal de masa y carne de cerdo en la región indígena es un elemento fundamental para festejar el día de muertos y fieles difuntos el 1 y 2 de noviembre. Asimismo, también para estas fechas todas las familias preparan carnitas de cerdo fritas, así como chicharrones. En esos días se acostumbra comer frutas, entre ellas naranja, cañas y plátanos.

El caldo de pollo (con plumas negras) y sin ingredientes, se prepara exclusivamente para terminar la cura de espantos o sustos y para el término de la cura de piquetes de víbora.

Bebidas tradicionales

Las bebidas tradicionales y cotidianas más comunes en la gastronomía de esta región indígena son el café negro solo, el café negro con patololote, el pinole (tipo café pero de maíz), el pozol (masa de maíz muy cocida) y, para los velatorios de imágenes y mortuorios, se prepara café negro con aguardiente.

Nahuas de Pajapan

El municipio de Pajapan está ubicado al sudeste del estado de Veracruz; sus colindancias son: al norte y oeste con el municipio de Mecayapan, al sur con los municipios de Chinameca y Cosoleacaque, al sudeste con Coatzacoalcos y, por el este, con el Golfo de México. Integrado por 17 localidades: Pajapan, la cabecera municipal, las congregaciones de San Juan Volador y Coscapa, Minzapan; los ejidos de San Miguel Temoloapan, José María Morelos, Lázaro Cárdenas, Benito Juárez, Ursulo Galván y Lorenzo Azúa Torres, y las rancherías Jicacal, Mangal, Batajapan, Tecolapa, Sayultepec, Toronjal y Chamilpa.

El pueblo de Pajapan fue fundado antes de 1840. Actualmente, sus habitantes se dedican a las siguientes actividades económicas: agricultura, ganadería y pesca. En la comunidad la mayoría de las casas están hechas con material industrializado: *block*, cemento y varilla; una minoría se construyen con zacate *talquetsal*, palma real y barro. Estas últimas se localizan en los solares de los nativos, quienes acostumbran construir de dos a tres viviendas; una para la cocina, provista de fogón (aunque son también muy frecuentes las estufas de gas) y una serie de utensilios (normalmente de peltre y plástico y, muy escasamente, de barro), las otras son ocupadas para dormir y guardar los objetos que poseen. Los solares se dividen por medio de hileras de piedras, matas de flores, cercos de alambres de púas, de tela ciclón o con bardas construidas de *block*. Dentro del solar, los propietarios acostumbran hacer sus huertos familiares; siembran flores de diferentes clases: rosa concha, tulipanes, flor de muerto o *zempaxúchitl*; también siembran chiles de mata, perejil, albahaca, *is-uat* (planta cuyas hojas grandes son ocupadas para hacer tamales) y estropajo.

Pajapan está rodeado de árboles frutales: naranjos, guanábana, ciruelo, limón dulce, condorias, limón agrio, vaina, guayabo, cocoteros, guaya, tamarindo, aguacate, zapote mamey y de distintas variedades de mango: manila, plátano, petacón, criollo, rosa, zapote, loro y piña. Todas estas frutas se cosechan durante el año,

46

la mayor parte se lleva a vender a Coatzacoalcos, para obtener ingresos económicos y, así, poder subsistir.

En la Laguna del Ostión se localizan ocho tipos de especies acuáticas: ostiones, pescado, almejas, jaiba, camarones, cangrejos, caracol y pulpo; todas ellas sirven de alimento a miles de seres humanos y son capturadas con chichorros, atarrayas, flechas y anzuelos.

En épocas pasadas, los montes del cerro San Martín y el manglar ubicado a la orilla de la Laguna del Ostión, se encontraban casi juntos y formaban una gran selva, donde la vegetación era abundante. Según narran los abuelos, en ella se encontraban animales como: tigres, leopardos, tigrillos, tapir o ante-burro y culebras. También existían los que servían como alimento, entre ellos, venado, temazate, tepezcuintle, armadillo, conejo, iguana, loro, pichichi y chachalacas.

Con el transcurso del tiempo y debido al crecimiento demográfico, los pajapeños empezaron a tumbar los árboles. Precisamente en el cerro de San Martín, los fueron destruyendo en sus faldas montañosas, ocupándose en primer lugar para el cultivo y, más tarde, fueron sembradas con pastizales para engordar ganado vacuno y caballar, causando con esto la depredación de los animales silvestres que vivían en la zona montañosa y alterando, a la vez, el equilibrio ecológico.

Cultivos de autoconsumo

- *Tsapok* (plátano). Son cinco variedades: macho, roatán, bolsa, dominico y enano.
- *Papayaj* (papaya). Existen dos variedades: la bola hembra y la larga macho. Su cultivo se hace de manera rudimentaria pues sólo se tira la semilla y se espera a que ésta se desarrolle.
- *Uat* (caña de azúcar). La siembra de caña de azúcar se realiza desde junio hasta septiembre.
- *Ayoj* (calabaza). La calabaza se siembra entre la milpa; existen tres tipos: amarilla, verde obscura y negra.

- *Bagamoj* (yuca). Se conocen dos variedades de yuca: la blanca y la roja. Regularmente, la cosecha de este producto se lleva a vender a la ciudad de Coatzacoalcos.
- *Talgamoj* (camote). Se conocen tres tipos de camote: amarillo, blanco y morado o camisa prestada. La siembra de esta hortaliza (aunque la gente de Pajapan considera que el camote es una fruta), se lleva a cabo en junio, en tiempo de lluvias.
- *Xantiaj* (sandía). Existen tres clases de sandía: blanca, verde y rayada. La sandía se siembra en el mes de diciembre o enero, cinco días después de terminar la luna nueva y se cosecha en los meses de abril y mayo.
- *Matsa* (piña). La piña se siembra en el mes de marzo. Existen dos tipos: amarilla y verde; para la siembra de la piña se utilizan los "gajos" o puntas que da la planta, éstas se entierran en un hoyo quedando la parte superior descubierta.
- *Melon* (melón). El melón se siembra en junio haciendo pequeños hoyos con machete. Se calcula que una mata produce más de 10 melones, éstas al madurarse se ponen amarillas y es cuando el campesino las corta.
- *Tagijlok* (chayote). Del chayote se conocen dos clases: el blanco y el verde oscuro; cada mata de chayote se siembra a una distancia de 10 metros, debido a que se extiende demasiado y, sobre todo, se trepa en los árboles.

Mariscos

Caldo de pescado

Ingredientes:

Cualquier especie de pescado
Jitomate
Cebolla
Ajo
Cilantro
Sal al gusto

De toda la variedad de pescado de mar, de río y laguna pueden hacerse ricos caldos, a excepción de la mantaraya, tiburón y algunos pescados de colores que viven en pedregales profundos. Los preferidos son el robalo, pámpano, pargo, bacalao, medregal, guachinango, villajaiba y rubia, entre otros muchos. El pescado se revisa en el arroyo para probar la buena calidad; cuando tenga un color rojizo uniforme y sin olor raro, sólo a marisco, significa que está bueno; se le quitan las escamas, aletas, cogoyo y vísceras, y se corta en pasta. La cantidad de pescado necesario de acuerdo a las necesidades de la familia u ocasión, desde un kilo, 30 o más.

Una vez aliñado y lavado el pescado se pone al fuego la cantidad de agua deseada, cuando ya hierve se introduce todo el pescado, de ésta manera el pescado no se destruye y se cuecen enteros; inmediatamente se le agrega jitomate, cebolla, ajo y cilantro; previamente pasado en aceite, se agrega sal al gusto y se deja hervir por 15 o 20 minutos, según la cantidad de fuego que se le aplique. Una vez cocido, se sirve y se le agrega limón, una salsa de chile de mata y sal al gusto.

Ostión crudo (*YUJ-UA-XOXOYIK*)

Ingredientes:

1 kilo de ostiones
5 limones
chile de mata: coachile o chilpaya
sal al gusto

Se puede comer crudo; sólo se abre la concha con un cuchillo o tetepan. Se prepara en un plato un poco de jugo de limón y se machacan unos 8 chiles de mata: coachile o chilpaya con un poco de sal y se le va echando el ostión conforme se va abriendo y consumiendo. Algunas familias lo comen echándole salsa dulce y cebolla picada.

Ostión asado (*YUJ-UA-TA IXKAL*)

Ingredientes:

1 kilo de ostiones
4 limones
chile

Se toman los ostiones y se meten a la brasa o encima del comal donde se cuece la tortilla, ahí se dejan unos 10 minutos para que se cuezan bien; cuando las conchas empiezan a abrirse, se saca y se deja un rato para que se enfríen para poder comerlos. Al cocerse los ostiones son más fáciles de abrir. El ostión asado es muy sabroso, ya que recibe el calor de la brasa y el agua que tiene por dentro cambia de sabor. Al consumir, también se le echa limón preparado con chile.

OSTIÓN CON ARROZ (*YUJ-UAA-UAN ARROZ*)

INGREDIENTES:

1/2 kilo de arroz
3 jitomates
achiote, especias
aceite o manteca, sal al gusto

Primero se sacan los ostiones y se guardan en un plato con todo el jugo, colándolo para que no lleve pedacitos de concha. Después, se cuece el arroz en una cazuela u olla virtiéndole un poco de agua; cuando el arroz empieza a dorarse se pone un poco de aceite o manteca y se mete el ostión donde se cuece junto con el arroz; al arroz se le añade un jitomate, la mitad de una cebolla, achiote, especie y sal pues con estos condimentos esta comida típica tiene buen sabor. Este guiso puede prepararse en caldo o seco, pero tienen el mismo sabor.

OSTIÓN CON MASA (*YUJA-UAA-TATONIL*)

INGREDIENTES:

1 kilo de ostiones
100 gramos de masa
3 jitomates
1/2 cebolla
achiote
manteca o aceite
sal al gusto

Para este tipo de preparación, primero se sacan los ostiones de la concha y se guardan en un plato con el jugo, siempre colándolos para que no lleve astillas de ostiones. Después se pone una olla llena de agua en la lumbre, dejándola un rato para que se caliente. Mientras esto ocurre, se bate la masa con agua hasta que queda bien batida. Más tarde se vierte la masa en la olla para cocerla y,

51

por último, se agregan los ostiones para que se cuezan junto con la masa. A esta comida se le pone un poco de manteca o aceite, jitomate, especias, cebolla, sal y achiote que da color a la masa. Es muy sabrosa en caldo de masa porque se cuece a la lumbre.

OSTIÓN COCIDO CON AGUA (*YUJ-UAA-TAMANAL*)

INGREDIENTES:

3 ajos
2 limones
  ostiones
  hoja de mango,
  chile y sal al gusto

Otra forma de comer el ostión es precisamente cocido con agua, es decir, se toman unos ostiones y se lavan, después se meten en una olla con un poco de agua y se ponen en la lumbre, dejándolos un rato para que se cuezan. En este punto se agregan: un diente de ajo, una hoja de mango y un poco de sal. Cuando los ostiones empiezan a abrirse, se retiran del fuego y se dejan unos minutos para que se enfríen. El agua que se les pone adquiere un sabor muy bueno porque se combina con el jugo del ostión. Al consumir se agrega limón y chile para darle un sabor más exquisito.

Ostión en coctel (*YUJ-UAA EN KOKTEL*)

INGREDIENTES:

    1 kilo de ostiones
    ¹/₂ cebolla
    3 jitomates
    1 manojo de cilantro
    2 limones
       chile de mata
       salsa dulce al gusto

En esta preparación el ostión puede consumirse en coctel para lo cual se sacan los ostiones de las conchas y se lavan; después, se colocan en un vaso o plato y se les agrega cebolla picada, jitomate, cilantro, limón, chile de mata y salsa dulce. Todos estos condimentos se mezclan bien y se comen con tostadas, galletas saladitas o tortillas palmeadas.

Cangrejo azul en masa (*XOXOYIK TEBISIJ: TATONIL*)

INGREDIENTES:

Cangrejo azul, masa, especias, semilla de calabaza, achiote, sal al gusto.

Se conoce en lengua nahua como *tatonil tebisij*. Para esta preparación primero se mata el cangrejo, golpeándolo varias veces en el suelo, después de muerto se le saca la cáscara y se lava bien. Luego se coloca en una olla de peltre poniéndole un poco de agua; mientras se cuece se bate bien la masa y se le añaden las especias, unas cuantas semillas de calabaza y achiote, ya que con esos condimentos este guiso toma sazón y color. Aparte, se prepara un poco de jugo de limón y chile de mata que, al final, se le vierte; resultando de todo esto una comida de inmejorable sabor.

Cangrejo azul en caldo (*XOXOYIK TEBISIJ TAMANAL*)

INGREDIENTES:

Cangrejos azules, sal al gusto

Antes que nada se matan los cangrejos azotándolos contra el suelo, después se lavan bien con una escobeta. Previamente, en una olla de peltre, se pone al fuego agua con sal, cuando empieza a hacer ebullición se vierten los cangrejos hasta que se calcula que se cocieron. Para saborear ese caldo únicamente se le agrega más sal, si acaso se siente simple.

Cangrejo azul, cocido o asado (*XOXOYIK TEBISIJ TAIXKAL*)

INGREDIENTES:

Cangrejos azules, sal al gusto

Se acomoda un poco de brasa en la lumbre y, ahí se colocan los cangrejos, dejándolos un buen rato para que se cuezan bien; antes se les quita la cáscara después de haberlos azotado contra el suelo para matarlos.

Una vez que se aprecian perfectamente asados se quitan del fuego y se dejan enfriar. Para comerlos no se necesita más que sal pues el sabor exquisito a carne asada se lo dio la brasa.

Hueva de cangrejo azul
(*IATOMAJKA TEBISIJ XOXOYIK-TAXAXA UAL*)

INGREDIENTES:

Hueva de cangrejo azul, limón, sal al gusto

La hueva del cangrejo azul se come cruda o cocida. Cuando se come cruda, al sacarle la cáscara se lava bien y se guarda, después, al sentarse a comer se toma un poco de la hueva o gordura y se unta en una tortilla caliente quedando de un color negro café y se le pone un poco de limón y sal para darle sabor. Cuando se come cocida también se lava bien la hueva y se pone en un poco de brasa o sobre el comal, dejándola un buen rato para que se cueza bien. Después se saca de la lumbre y se come con sal y limón. La hueva cocida es muy sabrosa.

Cangrejo peludo con frijol (*PANCHII-TEBISIJ UAN AJAYOK*)

INGREDIENTES:

Cangrejos peludos
Frijol
Manteca
Sal al gusto

Primero se cuece el frijol en una olla de peltre, alternadamente se sacrifican los cangrejos y se lavan perfectamente, virtiéndose enseguida sobre los frijoles; se le pone una pizca de sal y otra de manteca para que tome mejor sabor. Al momento de comerlos se le quitan las cáscaras a las tenazas para que salga la carnita; también se come la hueva con un chorrito de limón y sal. Su sabor es delicioso.

Cangrejo peludo en caldo (*PANCHII-TAMANAL*)

INGREDIENTES:

Cangrejos peludos, limón, sal al gusto

Primero se hierve un poco de agua en una olla de peltre a la cual se le vierten los cangrejos y como único ingrediente se le pone sal. La hueva del cangrejo se come con tortilla, limón y sal.

Tamal de anguila (*ATSIN-UAK*)

INGREDIENTES:

Anguilas
Hoja de plátano
Acuyo
Epazote

Las anguilas o culebras de agua se preparan en tamal; se sacrifica el animal, se le corta la cabeza y se desecha. El cuerpo se corta en pedazos y se envuelve en hojas grandes de plátano, poniéndole acuyo y epazote. Previamente, en una olla, se pone sólo el agua indispensable para cocer a vapor, encima se coloca una parrilla sobre la que se ponen los tamales dejándolos al fuego unos 20 minutos. Las anguilas también se pueden comer secas, para lo cual se tasajean y se les pone suficiente sal, dejándolas así varios días.

Esta especie tiene además un uso curativo ya que sirve para calmar el dolor de cabeza y para la hemorragia nasal. Por esa razón cuando una persona padece alguna de estas enfermedades, debe tallarse una anguila siete veces en la cabeza o en la nariz y soltarla después en el agua, aunque dicen que ya no revive porque recibe el calor del paciente. Las anguilas son muy resbalosas, y muy frías, por eso se cree que calman el malestar de la cabeza.

JAIBA CON MASA

INGREDIENTES:

Jaibas
Masa
Achiote
Especias
Jitomates
Jugo de limón
Chile de mata
Ajo, sal al gusto

Se pone un poco de agua en una olla de peltre para que se caliente, después se lavan escrupulosamente las jaibas con escobeta y cuando ya está hirviendo el agua se vierten. Una vez cocidas se bate un poco de masa con escasa agua, se vacía sobre la olla junto con todos los ingredientes.

Es importante que la cocinera bata con una cuchara grande constantemente el guiso para que no se pegue sobre la olla. Este alimento adquiere una tonalidad rojiza y se cuece en leña para que tenga mejor sabor. Se sirve con limón y chile de mata.

JAIBAS EN CALDO

INGREDIENTES:

Jaibas
Jitomate
Cebolla
Ajo, sal al gusto

Se hierve agua suficiente para un caldo y se le añaden las jaibas bien limpias; después de cocidas se le agrega las rodajas de jitomate, cebolla, los dientes de ajo y sal. Se come caliente, acompañado con tortillas palmeadas y un sabroso picante hecho de chile de mata y jugo de limón.

Jaiba asada

INGREDIENTES:

Jaibas
Agua
Limón
Chile de mata

Las jaibas se ponen al fuego dentro de una cacerola con escasa agua y suficiente sal para que les penetre en el cuerpo, se cuecen moviendo a cada momento para que no se quemen. Cuando ya se asaron se retiran del fogón, se rompe la cáscara para extraer la pulpa y la hueva, que se acompañan con jugo de limón y chile de mata, así como con tortillas recién salidas del comal.

Almeja negra en caldo

INGREDIENTES:

Almejas negras
Jitomate
Ajo

Para preparar la almeja negra en caldo primero se pone a hervir un poco de agua en una cacerola, luego se machaca un jitomate y un diente de ajo. Cuando el agua está a punto de ebullición se le agregan las almejas y los ingredientes, con una pizca de sal. Una vez cocidas las almejas empiezan a abrirse y es cuando se bajan del fogón. El caldo es de color blanco y es muy sabroso porque se coció con leña.

ALMEJA COCIDA O ASADA

INGREDIENTES:

Almejas
Chile de mata
Limón
Sal al gusto

Cuando las almejas se preparan cocidas o asadas se ponen encima del comal de barro, sartén o en la simple brasa dejando un rato para que se cuezan bien, cuando empiezan a abrirse, ya están cocidas y se sacan de la lumbre, dejando unos minutos para que se enfríen. Al consumir, se le pone sal, limón y chile de mata. Es muy sabrosa.

ALMEJA CRUDA

INGREDIENTES:

Almejas
Limón
Sal al gusto

Para comer la almeja cruda se abre ésta con un cuchillo o *tetepan* que es un pedazo de la punta del machete que se ha quebrado. Según se van abriendo se comen, para lo cual se acompañan con limón, chile y sal. La gente sabe que al comerlas crudas producen comezón en la garganta y la resecan, por lo que a cada rato se tose, lo que en lengua nativa se conoce como: *ni toskaa aj-uayiuik, iga nikbaa axaga xoxoyik*. Por eso, casi no se comen crudas; su carne es de color amarillo y muy sabrosa.

Animales de monte

LAGARTO (*LAGARTOJ*)

INGREDIENTES:

Carne de lagarto
Limón
Chile
Sal al gusto

La carne de lagarto puede comerse salada. Se mata el lagarto y se
tasajea en trozos regulares, se le pone un poco de sal, después se deja unos tres días para que la carne se seque. La carne del lagarto
es blanca y tiene un sabor mezcla de pescado y marisco. Puede
comerse asado en la brasa; se adereza con limón y chile.

CALDO DE CONEJO (*TA AYOTIL CONEJO NAGAT*)

INGREDIENTES:

1   conejo de monte
    cebollín
    jitomate
    cebolla
    sal al gusto

Se corta el conejo ya aliñado en trozos, se pasa por agua caliente,
después se cuece a fuego de leña durante 45 minutos con sal, agua,
cebollín, jitomate y cebolla, todo bien picado. Se come con tortilla y chile de mata.

En torno a este guiso hay una creencia: si un niño come la
carne de conejo no debe cortar el hueso del conejo, porque cuando
sea grande le tronarán los huesos con cada movimiento que haga.

GUISADO DE CONEJO (*TATSOYON KONEJO NAGAT*)

INGREDIENTES:

1 conejo de monte
ajo
cebollín
cebolla
jitomate
orégano
comino
chile

Después de pasar el animal —previamente aliñado y en trozos— por agua tibia, se coloca en una sartén que se pone al fuego de leña. Se le añaden jitomate, ajo, cebolla y cebollín finamente picados, espolvoreados con orégano y comino, se tapa y se deja cocer hasta que adquiere sazón. Se come con tortilla palmeada y una picosa salsa de chile.

ARMADILLO ASADO (*TAWATSAL AYOTOCHIN*)

INGREDIENTES:

1 armadillo
chile
sal al gusto

Se troza el armadillo por cuarto o por medio y se pone a asar directamente sobre la leña, aproximadamente tres horas. Así se conserva durante varios días seco; cada vez que quiere comerse un trozo se recalienta y se acompaña con tortillas, chile y limón. Actualmente se come muy poco porque es un animal que casi ya no se encuentra en los montes, se ha extinguido poco a poco.

Carne de jabalí salado (*TASTAWIL SINGOYAME NAGAT*)

INGREDIENTES:

Carne de jabalí, sal al gusto

Se corta la carne en tiras largas y delgadas, y se coloca en una paila o mesa para ponerle sal, se deja en la paila la carne ya con sal durante la noche, al día siguiente se extienden las tiras sobre un mecate de cara al sol para que escurra la sangre y se sequen. Se cuece al fuego o en brasa de leña; en media hora queda listo para comer acompañado con tortillas y chile. Utensilios: cuchillo, paila, mesa, leña, plato.

Caldo de tepescuintle (*KALDO TEPESBINNAGAT*)

INGREDIENTES:

Tepescuintle
Jitomate criollo
Achiote, cebollín
Comino, sal al gusto

El tepescuintle es uno de los animales más sabrosos. Para preparar la carne se hace igual que con la de venado, se le vacía agua caliente en todo el cuerpo para despellejarlo, después se le saca el cuero, la carne, los huesos, el hígado y todo junto, se cuece en alguna olla o paila que se coloca al fuego directo de leña, en dos horas queda listo el caldo. Esta comida se acompaña con tortillas hechas a mano y salsa de chile.

Existe una creencia relacionada con este guiso. Se dice que durante el cocimiento la olla debe estar destapada para que evapore libremente; si lo dejan tapado, el perro cazador pierde el olfato y nunca más toma el rastro en el monte. Y cuando el cazador regala la carne a su querida, como castigo le "encantan" a su perro, le pica alguna víbora o no encuentra nada al ir de cacería. Esto sucede con todos los animales del monte.

CARNE SALADA DE CHANGO (*FASTAVILO MIKONAGAT*)

INGREDIENTES:

Carne de chango
Masa
Yerba de moxtle

Después de muerto el animal se pasa a fuego directo para despellejarlo, acto seguido se destripa y se corta en pedazos, se lava muy bien con agua fría o caliente, se muele aproximadamente un kilo de nixtamal hasta obtener una masa fina, entonces se bate en un recipiente con una poca de agua, después, se cuela la masa para utilizar únicamente el caldo. Junto con el atole de masa, los pedazos de carne se cuecen al fuego. Como colorante y saborizante se le muele un mazo de moxtle, yerba que tradicionalmente en Pajapan, se usa únicamente para este tipo de comida.

CALDO DE ZANATE

INGREDIENTES:

1 zanate
 ajo
 epazote
 sal al gusto

Se despluma el pájaro, se pasa al fuego para quemar las plumas que quedan en el cuerpo, se corta en pedazos, como condimento se le echa ajo, epazote y sal. Se cree que a las personas que comen este tipo de pájaro cuando sean mayores no les aparecerán canas.

CALDO DE VENADO

INGREDIENTES:

Carne de venado
Cebolla
Jitomate
Achiote
Chile ancho
Comino

Se prepara de manera sencilla, anteriormente se utilizaba como condimento el cebollín, achiote y jitomate criollo, actualmente se le agrega cebolla, jitomate, achiote, chile ancho y comino. Se destaza el animal y se pone a hervir, aparte se muelen el jitomate la cebolla y el chile ancho previamente cocido, después, se refríen en aceite y se le agrega el comino y el achiote.

IGUANA ASADA

INGREDIENTES:

1 iguana
   sal al gusto

Se corta en pedazos la carne (en forma alargada para poder colgarla) y se pone suficiente sal sobre una mesa, se deposita en alguna paila y se deja durante la noche; al día siguiente se saca al sol colgándola de una pita, una vez seca la carne, se cuece al fuego directo o brasa, en media hora queda listo para comer.

Semillas

FRIJOL DE OLLA

INGREDIENTES:

Frijoles, agua, epazote, sal al gusto

Primero se limpia el frijol, se le quita toda la basura, después se lava bien y se vierte en una olla de peltre con un poco de agua, se pone en el fogón y transcurrida una hora se le agrega más agua. Después se deja otra hora más en la lumbre y cuando al hervir hace burbujas se baja la olla, porque ya se coció bien el frijol. Se le ponen tres ramitas de epazote y sal, un promedio de tres gramos por medio kilo de frijol. También se le pueden agregar unas 4 o 5 gotas de manteca de puerco. Se consume casi a diario dentro de la familia campesina; se cree que esta comida da fuerza a los niños y adultos.

FRIJOL FRITO

INGREDIENTES:

Frijol, agua, manteca, sal al gusto

Para hacer esta preparación primero se cuecen los frijoles, después se muelen bien en un molcajete de barro, machucando los frijoles con un pocillo o moliéndolos en molino. Cuando está listo se pone en una sartén de peltre o barro aceite o manteca de puerco, una rodaja de cebolla y si no hay, dos cabecitas de cebollín y sal; se añaden los frijoles y se acomoda en el fogón unos 20 minutos. Mientras permanece en la lumbre, se mueve a cada momento para que no se queme.

Bebidas

Pozole

INGREDIENTES:

Piloncillo
Maíz

Se cuecen en una olla dos o tres kilos de maíz, agregándole dos puños de cal y agua durante tres horas hasta que se ponga rojo. Después de cocido, se lava con agua fresca, por último, se muele en metate como masa y se hacen unas bolas de mediano tamaño que se envuelven en hojas verdes de plátano; cada bola de pozole se puede batir con la mano o con cuchara en agua fresca poniéndole azúcar al gusto. Esta es una bebida que nunca le falta al campesino durante su jornada en el campo.

Pozole de agua de caña

INGREDIENTES:

Agua
Pozole

En pocillos o jícaras se bate el pozole con agua de caña y se toma como bebida refrescante; el agua de caña se extrae en el trapiche.

POZOLE DE TORTILLA TOSTADA

INGREDIENTES:

Tortilla
Agua

Se tuesta muy bien la tortilla a fuego de leña hasta que quede bien tostada, después se muele en metate bien molido quedando casi en polvo. Luego, se bate con una cuchara en algún pocillo o jícara. Se toma como alimento o como agua de tiempo, puede ser dulce o simple. Esta bebida se toma cuando la persona se encuentra enferma y ya no come; con la bebida se repone.

PINOL

INGREDIENTES:

Maíz negro
Agua

Se tuesta un kilo de maíz en la cazuela hasta que quede casi negro; luego se muele en metate convirtiéndose en un polvo fino, listo para consumirse. Se bebe cuando escasea el café o si se desea aumentar el volumen del café natural, lo revuelven al 50 por ciento cada uno; para remover en el cocimiento, se usa una cuchara de madera tipo remo de chicozapote que mide aproximadamente 40 centímetros de largo y 5 de ancho, llamado *abani* en nahua. Se toma igual que el café natural.

Atole de masa

Ingredientes:

Masa
Agua

Un kilo de masa se bate en una cubeta chica, una vez que se amasó bien se cuela en una tela sencilla y se pone a hervir en una olla esperando que espese, al tiempo que se bate constantemente para que no se pegue. Anteriormente se usaba un palo de un metro de largo para remover el atole; se escogía la madera de jonote, en lengua nahua llamada *atolbani*. El atole se bebe con frecuencia acompañando algunas conservas de plátano o calabaza porque son alimentos dulces; después de beberlo se cree que produce mucho sueño.

Atole de maicena

Ingredientes:

Maicena
Canela
Azúcar
Agua

Se hierve el agua en la olla con azúcar y canela y se le añade media caja de maicena; una vez caliente se mueve con la cuchara, hasta que se pone espeso; el atole se acostumbra tomarlo solo, muy pocas veces con leche. Se toma en vaso o pocillo en las comidas, desayuno o cena.

Nanche curtido o en aguardiente

Ingredientes:

Nanches
Aguardiente
Azúcar

Se lava bien el nanche, se le pone un cuarto de litro de agua, después se llena con aguardiente, ron blanco o tequila; se deja fermentar en frascos de vidrio de seis meses a un año; se consume como cualquier licor.

Ítamo con aguardiente

Ingredientes:

Hojas de ítamo
Aguardiente

En un litro de aguardiente se ponen unas 4 o 5 hojitas de ítamo, se dejan curtir unos 25 días y queda listo. Se toma como cualquier licor.

Papaloquelite en aguardiente

Ingredientes:

Papaloquelite
Aguardiente

En un litro de aguardiente de caña se agrega un puño de hojas de papaloquelite y se deja fermentar 15 días para que se curta bien. Se toma una copa por la mañana como medicina para estimular el apetito. Asimismo, sirve para calmar las alteraciones del ombligo.

AGUA DE JOBO

INGREDIENTES:

Jobos
Agua
Azúcar

Se machaca con la mano un puño de fruta de jobo y se vacía en una batea chica con agua, se cuela sólo el jugo. Al agua se le pone azúcar al gusto. Se toma como jugo o agua fresca en vasos o pocillos. El jobo es una variedad nativa de ciruela, muy común en la región.

JOBO CURTIDO

INGREDIENTES:

Jobos
Aguardiente
Azúcar

En una botella de boca ancha se ponen unos 20 jobos por litro de aguardiente y se deja reposar cerca de 20 días; se consume como cualquier licor.

CAFÉ DE PICA PICA MANSA

INGREDIENTES:

Semillas de pica pica mansa, agua

Hace algunos años se comenzó a utilizar el nescafé, la semilla de la pica pica mansa (*mucuna*); anteriormente no se le daba ningún uso. La semilla seca se hierve en una olla, después se deja secar de nuevo y se tuesta en molino o metate; se bebe en taza o pocillo como cualquier café, añadiéndole azúcar al gusto.

TÉ DE HOJAS DE NARANJO

INGREDIENTES:

Hojas de naranjo
Agua
Azúcar

Se cortan de 10 a 12 hojitas de naranjo medio tiernas y se ponen a hervir en una olla chica; se endulza al gusto; en 15 minutos queda listo. Se toma tibio.

TÉ DE ZACATE DE LIMÓN

INGREDIENTES:

Zacate limón
Azúcar
Agua

Se corta un manojo de zacate limón, se enrolla para que entre bien en la olla y se hierve durante 15 minutos, se le añade azúcar en la cantidad deseada.

TÉ DE CANELA

INGREDIENTES:

Canela
Azúcar
Agua

Se corta en trocitos la canela, se pone a hervir en una olla con agua y se endulza; después de 15 minutos queda lista la bebida.

Dulces y conservas

PLÁTANO TIERNO

INGREDIENTES:

Plátano (la cantidad deseada), dos panelas o azúcar y agua

Para el dulce sirve el plátano macho y el dominico. Tan pronto como se corta el racimo a los plátanos se les quita la cáscara, se lavan con agua limpia y en una olla se ponen al fuego, se les agrega panela o azúcar, se hierven durante una hora y queda listo el dulce de plátano tierno (1 olla mediana para 1.5 kilos de azúcar). Se acompaña con atole de masa o de elote.

Los fuertes nortes que afectan la región entre los meses de septiembre y marzo tiran algunas plantaciones de plátano muchas de las cuales están en un 50 por ciento de madurez, y ya no tiene igual calidad que el plátano erguido. A los que se caen se les llama plátano de suelo (*taltsapot*); cuando la mata cae demora hasta un mes en morir hasta este tiempo se corta; los frutos son delgados y simples.

MOGOMOGO DE PLÁTANO TIERNO

INGREDIENTES:

Plátanos tiernos (la cantidad deseada)
Azúcar o sal
Margarina o aceite

Los plátanos se pelan y se hierven durante 20 minutos sólo con agua. Luego se sacan, se espera que enfríen un poco y se muelen en metate. Después de molido se les agrega un poco de azúcar o, si lo prefiere, sal. Se amasa con margarina o aceite, luego al sartén se le unta margarina o aceite y se agregan los plátanos molidos; se dejan unos 3 minutos a fuego. Así se hace el mogomogo de plátano. Anteriormente los pajapeños lo comían al alba antes del desayuno, ahora se ha sustituido por el pan con café. Cuando no había qué hervir —plátano, camote, yuca, calabaza, chayote, malanga, etcétera— simplemente se recalentaba hasta dorar o tostar la tortilla restante del día anterior y, con ésta, se acompañaba cualquier bebida, aunque principalmente el café.

JICACO

INGREDIENTES:

Jicaco, azúcar o panela, agua

Se corta la cantidad deseada de jicaco (fruta típica de los médanos de la costa) escogiendo los más maduros, cuando no es posible conseguirlos maduros, se dejan los días necesarios para que maduren; después se hierven en agua durante 10 minutos para que suelte lo amarratoso (áspero); se saca del agua donde hirvió y se procede a preparar la miel; para hacer ésta se pone al fuego agua con panela o azúcar, después de hora u hora y media de haber hervido la miel, se agrega el jicaco y se deja hervir otros 20 o 30 minutos; después de ese tiempo se baja del fuego y ya está hecho este dulce.

DULCE DE CALABAZA

INGREDIENTES:

Calabaza tierna o sazona, azúcar o piloncillo

La calabaza es una fruta muy común en la región, pero se produce poco por falta de mercado. La calabaza se puede preparar en dulce estando tierna o bien sazona. Se parte en trozos para que quepa bien en la olla, se lava bien con agua limpia y se pone al fuego, se le agrega azúcar o piloncillo y en 40 minutos se tiene un dulce de calabaza. Se sirve acompañado con atole de masa o de elote.

73

DULCE DE PAPAYA TIERNA

INGREDIENTES:

Papaya
Cal
Azúcar

Se corta la papaya ya de tamaño grande pero sin sazonar, es decir, cuando la pulpa y semilla aún son blancas; se pela con un cuchillo toda la cáscara, se lava limpiándole la savia, se corta en rodajas largas. Se sumerge la papaya en agua con 250 gramos de cal, ésta le extrae más líquido blanco y le da textura; se deja así durante 10 horas. Se saca del agua de cal y se lava con agua limpia; inmediatamente se vierte en una olla de peltre o aluminio con suficiente agua y se acomoda al fuego, se le agrega suficiente azúcar (para dos papayas grandes, se calculan 2 kilos de azúcar). Se cuece durante 5 o 6 horas y se le puede agregar más azúcar si se desea, hasta que se haga una miel espesa.

El aprovechamiento de una fruta antes de su maduración no es nada casual. Generalmente, durante la temporada de los vientos del norte tiran mucha fruta tierna que si se prepara en dulce es bien aprovechada.

NANCHE EN DULCE

INGREDIENTES:

5 kilos de nanche
3 o 4 kilos de azúcar

Durante la temporada de nanche que es agosto, se recoge la cantidad que se desee, puede ser del dulce o del agrio, ambos son sabrosos. Los nanches recogidos se lavan bien con agua limpia, se dejan una hora al sol tendidos sobre una mesa para que se sequen perfectamente, luego se recoge en un cesto u otro material y se deja 4 días para que se madure hasta el punto de atepacharse (fermentarse). Después de esos días se hierve en agua durante 5 minutos, se saca del fuego y se tira el agua, el tiempo que hirvió fue suficiente para que a la fruta se le haya extraído lo amarratoso (áspero). Mientras, el nanche permanece fuera del fuego, ya se preparó otra olla con agua y suficiente azúcar y puesto a fuego para que se convierta en miel, una hora u hora y media después, cuando la miel está suficientemente espesa, se le agrega el nanche y se sigue hirviendo durante 10 minutos más, después de este tiempo se baja del fuego y está listo el dulce.

Tamales

TAMAL DE COCHINO (*TA'MAL COYAMEE'*)

INGREDIENTES:

Masa
Carne de cabeza de cerdo
Hoja de berijao

La masa de maíz se disuelve en agua hasta obtener una mezcla uniforme, se coloca en la paila y se cuece como si fuera atole hasta formar una mezcla gelatinosa. Se baja del fuego, se espera que se enfríe y se envuelve en hoja de berijao, se le ponen trozos de carne de cabeza de puerco cocida. Se prepara para el día de Todos Santos (día de muertos), novenarios, mayordomías. El tamal de cabeza se prepara especialmente para los rezanderos.

Informantes:
Cooperativa de Pescadores
Jerónima Martínez Antonio
Lorenza Martínez Matías

Recopiladores:
Elfego Martínez Hernández
Isidro Martínez Lorenzo
Antonio Rosas Marcelino

Nahuas de Mecayapan y Tatahuicapan

Mecayapan es un pueblo nahua de origen prehispánico. La tradición oral vigente afirma que llegaron procedentes de la zona de los Ahualulcos, en el área del actual Huimanguillo, en Tabasco, huyendo de los ataques piratas en el siglo XVII, pero documentos de 1556 a 1580 los ubican ya en la sierra de Santa Martha. Sin embargo, la variante nahua que hablan está estrechamente emparentada con el idioma nahua hablado en Tabasco, por lo que la migración de que nos da cuenta la tradición oral debió darse pocos años antes o después de la conquista.

Mecayapan fue República de Indios durante la Colonia, llegando a ser cabecera municipal a mediados del siglo pasado. En cambio, Tatahuicapan, es una comunidad fundada con vecinos de Mecayapan, también a mediados del siglo XIX. Finalmente, Tatahuicapan formó un nuevo municipio de nombre homónimo del cual es cabecera, apenas en abril de 1996, segregándose de Mecayapan.

Las comidas rituales y cotidianas

El santo patrono de Mecayapan es Santiago Jacobo Caballero y el de Tatahuicapan San José Patriarca, aunque también celebran a otros santos como San Miguel Arcángel, la virgen del Carmen, San Isidro Labrador y la Virgen de Guadalupe. En Tatahuicapan, además, existe un culto semiclandestino a una escultura olmecoide identificada con San Cirilo, quien tiene mayordomos y sedes durante todo el año y la cual se celebra entre el 15 y el 19 de marzo.

Los mayordomos se encargan de dar de comer a todos los asistentes al culto. En general, la comida que ofrecen son tamales de cerdo con achiote y epazote, y caldo de res con achiote, acompañados con café que se bebe en jícaras hechas con el fruto del cirian o güiro. Es común que la gente coopere, sobre todo si pertenecen al mismo barrio del mayordomo; la cooperación puede ser en especie o en trabajo, llevando masa o tortillas, leña, agua, frijoles, ayudando a preparar la comida o a servir. En cada mayordomía nunca falta el fandango nocturno, después de los rezos, con jaraneros y bailadores quienes zapatean en la tarima hasta el amanecer.

En las mayordomías menores, como la del Señor de la Buena Suerte, la comida y la fiesta son más modestas: en el desayuno dan de comer a la gente frijoles parados cerreros (sin manteca o aceite) con café y pinole de maíz; por la tarde dan de comer carne de cerdo en picadillo, un mole hecho de carne maciza de puerco y con arroz en aceite.

En las bodas sacrifican una res para darles de comer a los familiares de la novia e invitados. Se prepara un caldo con achiote, cilantro, cebolla, ajo, sal y repollo. Éste es una variante del caldo típico que en los Tuxtlas se conoce como tatabiguiyayo. También se come barbacoa de res a la que condimentan con clavo, pimienta, canela, chile ancho, hoja de aguacate, cebolla, vinagre y comino.

La comida cotidiana son los frijoles negros hervidos con manteca y cebollín, acompañados con tortillas hechas a mano y café negro aguado. De vez en cuando, la dieta se enriquece con yerbas de monte o tamales de frijol con pollo o cerdo, chile ancho y epazote. Aunque actualmente la comunicación por carretera es buena y ambas cabeceras municipales cuentan con la mayoría de servicios, las familias prefieren seguir cocinando con leña, pero los utensilios tradicionales de barro elaborados en el mismo pueblo, poco a poco se van sustituyendo por trastes de peltre y de barro de alta temperatura.

Creencias

Hay varios tabúes o preceptos que se guardan para las comidas consumidas en casos excepcionales, como el piquete de una víbora o la conmemoración del cabo de año de un difunto. En el primer caso, al cumplir siete días, al enfermo a quien mordió la serpiente se le prepara un pollo sin sal en una cazuela nueva, y el paciente no tiene que ver a ninguna mujer embarazada ni tiene que salir a la luz del sol.

Cuando se celebra el cabo de año de un difunto se escogen siete señoritas, quienes tienen que hacer las tortillas más pequeñas que de costumbre y se escoge a siete jóvenes, que van a recolectar la leña papachote (cierto árbol tropical de madera ligera), que sirve para echar las tortillas. En cuanto a los tamales preparados para la ocasión, se tienen que comer todos y no quedar ninguno; si alguien se queda sin comer, le hace daño, se le caen los cabellos y queda completamente calvo. Para esta ocasión se realiza una variante de la ceremonia o danza popoluca del muerto: se busca una anciana rezandera y a media noche se juntan las herramientas que el finado ocupaba en vida. La anciana es ayudada por seis rezanderos, después de rezar, barren la casa y con los desperdicios de la comida y la basura llevan las herramientas que tiran al río pasada la medianoche. Esta ceremonia se llama en nahua *monextaj kaliliaaa'*. Durante el acto los rezanderos beben aguardiente, en tanto que los invitados pueden beber aguardiente, café o refrescos.

Vegetales y yerbas

MOLE DE QUELITE

INGREDIENTES:

    Jitomate
    Frijoles
    Quelite
    Masa
    Chile, aceite
    Sal al gusto

Se lava bien el quelite y se escurre, aparte se cuecen los frijoles negros y se prepara un molito con masa batida en agua al que se le añade jitomate molido previamente frito en aceite, esto se le agrega a los frijoles en caldo junto con el quelite, se cortan tiritas de chile y se pone sal, dejando hervir un rato.

MOLE DE CHAYOTE

INGREDIENTES:

    Chayotes
    Jitomate
    Cebolla
    Masa
    Achiote
    Perejil
    Chile, aceite
    Sal al gusto

Se prepara el caldo con jitomate y achiote, se espesa con masa batida en agua; se le agregan el chile, perejil y las rodajas de cebolla. Cuando ya hierven todos los ingredientes se le añaden los chayotes partidos en trozos pequeños.

Tortilla de plátano macho

Ingredientes:

1 plátano macho cocido
masa
sal al gusto

Se revuelve el plátano cocido y machacado con la masa y una pizca de sal, se palmean las tortillas y se cuecen en el comal.

Mole de hongo

Ingredientes:

Hongos
Masa
Chile
Ajo
Cebollín
Aceite o manteca
Sal al gusto

Para el caldo se hierve agua a la cual se le vierte una pequeña cantidad de masa para espesar, sal, dos dientes de ajo, cebollín picado, chile y un chorrito de aceite o manteca; una vez sazonados los ingredientes se agregan los hongos partidos en trozos.

Berro como ensalada o en mole

INGREDIENTES (ENSALADA):

Cebolla
Jitomate
Limón

INGREDIENTES (MOLE):

Jitomate
Achiote
Chile ancho
Ajo
Sal al gusto

Para la ensalada se pica con cebolla, jitomate y limón al gusto, se come crudo.

Para preparar el mole se muele en el metate el jitomate, el chile ancho, la cebolla y el ajo, se refríe y se le agrega agua; cuando empieza a hervir se le pone el achiote, la sal y el berro cortado finamente.

Bejuco trepador en mole de masa de maíz

INGREDIENTES:

Bejuco trepador
Masa
Jitomate
Picante
Sal al gusto

Se cosecha en forma silvestre, se cortan sólo las puntas del bejuco. Se prepara en mole de masa de maíz, para esto se bate la masa en un recipiente con escasa agua, aparte, se cuece el bejuco, se le agrega la masa, el jitomate, sal y picante. Para algunos es bueno comerlo asado o fresco acompañado de sal.

Cabeza de coyol (*coojkoyol*) en mole de acuyo con masa, asado en brasa de encino o cocido con frijoles negros

Ingredientes:

Coyol
Frijoles
Limón
Sal al gusto

Se tala la mata de coyol y se corta a la altura donde tiene las hojas. Se busca la masa blanca, que es el cogollo, y la parte tierna de las hojas. Se prepara fresco, cortado en pedacitos agregando limón y sal. También se asa en la brasa de encino. Se cuece junto con el frijol y se sirve como si fuera carne de res. También se come en mole con masa de maíz y acuyo. En tiempos de sequía y escasez de maíz es un alimento importante.

Mole de coyol

Ingredientes:

Coyol
Masa
Cebolla
Achiote
Manteca o aceite
Sal al gusto

Se corta la palma y se le extrae el cogollo, éste se corta en pedacitos y se hierve, una vez listo, se lava con agua fresca; aparte, se prepara el caldo con masa batida en un poco de agua, la cebolla se fríe en manteca o aceite y allí se le vacía el caldito de masa y el cogollo; se le pone achiote para darle color y su pizca de sal.

83

Bejuco (*EPATACHTE*)

INGREDIENTES:

Bejuco
Acuyo
Sal al gusto

Se puede comer *camahua* (medio cocido) hervido con sal y acuyo. Se puede comer sazón con acuyo hervido. El *epatachte* es una especie de vaina y se pela. Hay de diferentes colores: negro, café y pinto.

Plátanos fritos en manteca (*TZAJPOJ FRIJTOJ*)

INGREDIENTES:

Plátanos machos
Manteca

Se rebanan los plátanos en forma horizontal, se fríen en una sartén con manteca bien caliente. En la comunidad también se comen hervidos o acompañados con frijol en caldo.

Camote hervido con azúcar (*CAJMO*)

INGREDIENTES:

3 camotes
   azúcar al gusto

Se hierven hasta que se ponen blandos, se les vierte azúcar y están listos para comerse.

Quelite de pájaro (*TOTOKLLIJ*)

Ingredientes:

Quelite de pájaro
Sal al gusto

Se pone agua a hervir 5 minutos, después se introduce ahí el quelite de pájaro, se agrega sal al gusto y se sirve. Se prepara también
en mole de masa blanca.

Semillas

FRIJOL (*AJAYO*)

INGREDIENTES:

Frijol camahua o sazón
Sal al gusto

Se puede comer cocido hervido en agua con sal. El frijol puede ser camahua o sazón.

EJOTE (*EXO*)

INGREDIENTES:

Ejotes
Maíz
Frijoles

Se puede comer el ejote cocido con sal. También puede comerse en tamal: el grano de maíz se muele con frijol, se amasa y, de esa manera, se hace el tamal que se cuece al vapor. Es común prepararlo en tortilla para lo cual se muele y revuelve con la masa, se forma la tortilla y se cuece en el comal.

ELOTE (*ELOJ*)

INGREDIENTES:

Elote
Queso rallado
Mayonesa
Limón
Sal al gusto

Se puede comer asado o hervido. En las comunidades se prepara, una vez cocido, con mayonesa, limón y chile en polvo. Se puede asar con hojas o deshojado y se come con sal y limón.

JILOTE

Se llama jilote al elote cuando está tierno, es decir, antes de tener grano y se puede comer asado. Se asa al carbón. También se puede comer haciendo tortilla de jilote. Se muele en el metate como la tortilla normal. Se cuece en el comal.

MAÍZ (*SINTY*)

El maíz seco, o sea el grano de maíz, se come en tortilla y se prepara cociéndolo en agua hervida. Después, se lava con agua y se quiebra en el molino convirtiéndolo en masa.

Animales de monte y de corral

ARMADILLO EN CALDO (*AYOTACHI*)

INGREDIENTES:

   1 armadillo en trozos
      jitomate
      cebolla
      orégano
      ajo
      sal al gusto

Se le saca la concha en brasas al armadillo, se le extraen las vísceras, se corta en trocitos y se pone a hervir una media hora, después, se le agrega jitomate, cebolla, orégano, ajo y sal al gusto.

    Algunas gentes van de cacería para realizar fiestas en las mayordomías.

ARMADILLO EN MOXTLE (*AYOTOX*)

INGREDIENTES:

   1 armadillo
      masa
      moste
      sal al gusto

El animal se aliña y se asa, se hace picadillo o se corta en presas (trozos); se corta la hoja de moxtle y se tuesta en el comal para, después, molerla en el metate; al mismo tiempo se prepara la masa con agua para el molito, ya listo se le agrega la carne, el moste molido y su sal; todo junto se arrima a la lumbre para cocerse bien.

Guajolote en caldo (*TOTOLIN*)

INGREDIENTES:

  1 guajolote
      tomates silvestres (tomachiles)
      cebollín, ajo y especias

Se aliña el guajolote, se le extraen las vísceras y se corta en trozos, se lava bien la carne y se pone a hervir, se agrega cebollín, tomatitos, ajo y especias.

Iguana en mole o caldo (*PACCHIJ*)

INGREDIENTES:

  1 iguana
      hojas de moxtle
      masa

Se aliña el animal; aparte se hierve agua, se tuesta la hoja de moxtle, se muele y mezcla con la masa para que espese, se le vierte al agua junto con la carne y sal. Para preparla en caldo se sustituye la hoja de moxtle y la masa por jitomate picado, cebolla, ajo y sal.

Iguana en mole verde

INGREDIENTES:

  1 iguana bien aliñada y limpia
  1 mazo de moste
  1 bolita de masa
  2 dientes de ajo
  1 bolsita de especias, sal al gusto

Se pone a cocer la iguana en una olla de peltre o barro una hora más o menos; ya lista, se le agrega al caldo todos los ingredientes;

la masa se bate con un poquito de agua para espesar y se vacía al caldo. Una iguana de regular tamaño sirve para unas diez personas.

Existe la creencia de que hay que guardar los huesos de la iguana y no dejar que se los coman los perros u otros animales, posteriormente se queman, ya que si se tiran al aire libre se corre el riesgo de ser mordido por una víbora. Este guiso es común aunque algunas personas lo comen sólo en Semana Santa.

CARNE DE CONEJO ASADA

INGREDIENTES:

    1   conejo aliñado y limpio
        sal al gusto

Primero se pone el animal a cocer en peltre o barro y luego se asa en leña de encino durante 20 minutos. Si se desea se le agrega limón y sal con su salsa de tomachile. Para asarlo se le atraviesa un espeque puntiagudo, asándolo únicamente con el vapor de la lumbre para lo cual hay que colocarlo a una distancia de 20 a 30 centímetros del fuego.

MAPACHE FRITO

INGREDIENTES:

    1   mapache
    1   litro de aceite
    1   cabeza de ajo
        sal al gusto

La carne del mapache se deja reposar un par de horas con ajo machacado y sal al gusto y, luego, se fríe en aceite.

CERDO DE MONTE O JABALÍ (*COYAJMEJ*)

INGREDIENTES:

Carne de jabalí
Achiote
Masa

El mole rojo con achiote se bate con la masa y se pone a hervir hasta que se pone de color rojo; entonces, se le vierte la carne en trozos. Puede comerse frito, en caldo o en mole rojo.

TEGOGOLO (*GOGOL*)

INGREDIENTES:

Tegogolo
Tomate
Acuyo
Cebolla
Chile
Limón
Sal al gusto

El tegogolo tiene una concha dura que no se come. Puede comerse crudo mezclado con tomate, limón, sal, acuyo, chile y cebolla, todo picado finamente. Hay quienes lo comen hervido, agregando solamente agua, sal y acuyo.

Tamales

Tamal de puerco (*TA'MAL COYAMEE'*)

Ingredientes:

    2 kilos de masa
    1 kilo de carne de cabeza
       hojas de berijao

La masa de maíz se disuelve en agua hasta obtener una mezcla uniforme, se coloca en la paila y se cuece como si fuera atole de maíz hasta que queda gelatinosa. Se aparta del fuego, cuando enfría se envuelve en hoja de berijao; para cada tamal se pondrá el equivalente a una cucharada de la masa, encima se le pone una pieza de carne. Se prepara para el día de Todos Santos (día de muertos), novenarios o mayordomías. El tamal de cabeza se prepara especialmente para los rezanderos.

Tamal de encino hongo (*XOLE*)

Ingredientes:

    Hongos
    Hoja de plátano
    Acuyo
    Limón
    Chile
    Sal al gusto

Se hierve el hongo, luego se envuelve en hoja de plátano, berijao o huilimole; se hace el tamal y se le agrega acuyo, sal y se asa en el comal. Se come con limón y chile.

Bebidas

ATOLE DE PLÁTANO

INGREDIENTES:

2 plátanos machos maduros
pimienta
agua
azúcar

Se hierve el plátano maduro y se muele a mano en el metate junto con 2 o 3 pimientas, se le agrega agua y se endulza.

ATOLE DE MAÍZ (*TIXJ ATOL*)

INGREDIENTES:

Masa
Canela
Azúcar

Se bate la masa y después se pone a hervir; se agrega canela y azúcar y está listo para tomar; su preparación no lleva más de quince minutos.

Dulces

DULCE DE MAÍZ (*ALFAJOR*)

INGREDIENTES:

Maíz
Miel y/o azúcar

Se tuesta el maíz a fuego lento hasta que quede bien dorado y se muele en el metate hasta convertirlo en polvo; en un recipiente se mezcla el polvo con miel o con azúcar hervida, ya mezclado, se cortan cuadros pequeños, deberá esperarse unos minutos para que se enfríe y esté listo para probarlo.

Recopiladores:
Adrián Ramírez Hernández
Hilario Martínez Revilla
Isidro Bautista Castillo

Popolucas y nahuas de Soteapan

Soteapan es cabecera del municipio del mismo nombre. Aunque la mayoría de su población es popoluca cuenta con algunas comunidades nahuas migrantes del vecino municipio de Mecayapan, como Mirador Saltillo.

Soteapan, cuyo significado en nahua puede traducirse como "en el arroyo de los xotes" (ciertos caracolillos de río), es un pueblo de origen prehispánico que permaneció durante toda la época colonial como república de naturales y participó activamente en el levantamiento precursor de la Revolución mexicana, iniciada, en 1906, por Hilario C. Salas. Con una larga tradición de lucha, los soteapeños pelearon de manera legal y con las armas en la mano para defender sus tierras comunales usurpadas por las haciendas de Chacalapan y Corral Nuevo y contra el despojo porfirista que las declaró baldías para otorgarlas al suegro del dictador, Romero Rubio, a fines del siglo XIX.

El santo patrono de Soteapan es San Pedro, aunque también se celebra a San José Patriarca como una de las fiestas mayores. Existen además varias mayordomías menores que deben ser cubiertas antes por los aspirantes a la mayordomía patronal. En las mayordomías y veladas de santos nunca faltan los jaraneros, el caldo de res con achiote y las danzas de la Malinche y del Tigre. Todo el pueblo participa con trabajo o aportando cosas para la elaboración de la comida.

Presuntos descendientes de los olmecas, primera civilización de Mesoamérica, los popolucas tienen una rica cosmovisión en la que abundan los lugares encantados y los seres mágicos como los chaneques, hombres y mujeres rayo, *junchots* (seres antropófagos con cuerpo de hule y carentes de cerebro), *lúputis* (un burrito o tapir mágico que castiga a los hombres adúlteros), *súnutis* (un gatito mágico que se convierte en tigre y devora a las mujeres adúlteras) y otros entes sobrenaturales. Pero el personaje principal, alrededor de cuyas aventuras se crea el universo popoluca es el dios del maíz, *Humshuk*, que nació de un huevo y venció al viejo rayo del sur para alimentar a los hombres. Hoy *Humshuk* vive en el manantial de Platanillo, que surte de agua potable a la ciudad de Acayucan y cada año obliga al centello a que lo bañe con su lluvia para que pueda crecer en la milpa popoluca.

Los popolucas tienen un conocimiento minucioso de su entorno ecológico y una clasificación de la flora y fauna locales mucho más detallada que sus vecinos nahuas, no en balde han permanecido en la región por treinta siglos. En la región, es el grupo étnico que mayor variedades de maíz maneja.

Variedades criollas de maíz usadas por los popolucas

Poopmok	(maíz blanco)
Tiichpoomok	(maíz blanco seco-olotillo)
Tsabatsmok	(maíz rojo)
Nuukni'piñonipiñmok	(la sangre de la arriera-maíz sangre)
Pooppu'uchmok	(maíz blanco amarillo)
Jikxmok	(maíz rápido o cuarenteño)
Pu'uchmok	(maíz amarillo)
Tiichpu'uchmok	(maíz amarillo seco)
Tsabastspu'uchmok	(maíz rojo amarillo)
Jammiuxmok	(maíz encalado, rojo de cáscara gruesa)
Yikmok	(maíz negro)
Chi'chyikmok	(maíz negro morado)
Tsabatsyikmok	(maíz rojo negro)
Kaanmok	(maíz tigre)
Chikiñmok	(maíz pinto)
Tsuuspookmok	(maíz verde blanco)
Juchiteco	

Animales de monte

TORTUGA Y/O CARNE DE CERDO EN MOLE AMARILLO

INGREDIENTES:

Carne de tortuga y/o cerdo
Masa
Chayote
Tomate molido
Acuyo
Cebolla
Moste
Chile ancho
Achiote
Ajo
Pimienta

Primero se cuece la carne, cuando ya está blanda las personas que ayudan empiezan a desmenuzarla para escoger la pura pulpa, apartándola en una bandeja. Se muelen las especies y el ajo, luego se agrega el chile ancho. Cuando la masa está ya cocida se pone el achiote encima, dándole un color amarillento. Al estar hirviendo se vacía la carne picada y desmenuzada y al cabo de 10 minutos más, está listo para servirse.

Tradicionalmente, este molito se preparaba con tortuga, empero la extinción de mucha de la fauna endémica de esta región ha propiciado la sustitución de la carne de tortuga por la de cerdo.

IGUANA EN MOLE

INGREDIENTES:

1 iguana cortada en piezas
hoja de moste
masa
sal al gusto

Se aliña y destaza la iguana, se pone a cocer. Se muele la hoja de moste, bien en molcajete o en la licuadora; enseguida se disuelve en la masa batida con un poco de agua o caldo donde se coció la iguana y se pone a cocer. Cuando ya está hierviendo se le añade la iguana.

YUCA

La yuca es uno de los alimentos principales, ya que por lo general en todas partes se consume. Puede cocerse en agua y sal. Se puede hacer como tortillas, se pelan, cortan en trocitos pequeños y se muelen en metates, o en molino de mano, después de molido se hacen las tortillas que quedan como las de maíz.

QUELITE O YERBA MORA

Se cuece igual que la verdolaga. Se saca el agua en la que se ha hervido y, después, se vuelve a hervir con otra agua; no se utiliza la misma porque a ésta se le van agregando los jitomates y la masa para prepar el mole. Después de cocido, lo comen agregándole el limón. Esta planta o quelite nace en los campos de cultivo de los campesinos, se propaga rápidamente y puede crecer hasta un metro de altura.

Recopilador: Onécimo Cordero

Popolucas de Hueyapan de Ocampo

Santa Rosa Loma Larga, municipio de Hueyapan de Ocampo, Ver., es una congregación étnica cuyos moradores son gente humilde campirana dedicados mayormente a la agricultura y a la ganadería. Se encuentra ubicada al sur del estado de Veracruz entre los municipios de Hueyapan de Ocampo y Catemaco. Para acceder a esta comunidad hay que llegar a la altura de la carretera costera del Golfo y entrar por la comunidad de Barrosa, donde está el entronque de un camino de terracería engravado y, después de siete kilómetros hacia el este, encontramos la comunidad mencionada.

Santa Rosa Loma Larga cuenta con una historia abundante, además es el centro y lugar núcleo del ejido denominado Unidad Indígena General Emiliano Zapata, que está sujeto a dos comunidades más: Sabaneta y Samaria. Aquí, los habitantes actuales resguardan las tragedias y luchas que ocurrieron en tiempos de la Revolución, cuando pelearon para obtener un pedazo de tierra. Cuenta con un espacio cultural que guarda parte de la historia del pueblo: el Museo Comunitario y el Centro Cultural Hilario C. Salas que han fortalecido las raíces y costumbres del pueblo.

Narran los ancianos que Santa Rosa se fundó en 1918 pero, antes de 1878, ya existían unos señores que huyeron de la sierra de San Pedro Soteapan y que poblaron esta región en una loma larga; es por ello que se conoce como Loma Larga, y Santa Rosa por la existencia de un árbol llamado pomarrosa.

En la actualidad tiene alrededor de 1 750 habitantes, su terreno es quebrado, de clima templado y la superficie del ejido es de 6 396 hectáreas con campiranos que cultivan la tierra comunal (ejidal); además, cuenta con servicios de energía eléctrica y agua.

En cuanto a la flora y a la alimentación, los campesinos se esfuerzan en alimentarse cotidianamente aunque no les resulta fácil conseguir quelite, azquiote, hongo de encino, choschogos, guananaca, hongo blanco, caracol de río, camarones de río y cangrejos.

La gente los conseguía sin cultivar, salían un rato hacia el monte o bien a los arroyos y lograban lo mejor que les daba la tierra y el agua. Lo mismo sucedía con la cacería de animales; anteriormente abundaban el venado, mazate, tepezcuintle, jabalí y tejón, animales que hoy sólo se conocen en fotografías de los libros. Todo esto ha ido desapareciendo ya que los programas de protección a la fauna no cumplen con su objetivo de preservar la fauna silvestre.

Una primera causa de la desaparición de la fauna y la flora fueron los excesos en la cacería, además de la tala inmoderada de los bosques que aún continúa practicándose, sin que el programa de reforestación logre concientizar suficientemente a la gente. A causa de ello los animales se desplazan muy lejos de las zonas habitadas; ahora sólo existen algunas ardillas, tejones, mapaches o víboras; el venado y el mazate son muy escasos.

Otro problema lo constituye la desaparición de la flora silvestre por el uso de productos químicos que han desplazado el trabajo de rastrojo como abono tradicional.

El quelite es una planta que se da en las milpas y acahuales y que, por el uso de plaguicidas, se ha ido acabando. El tepejilote, el chocho y sus flores son también algunos de los alimentos de los campesinos que se van perdiendo poco a poco.

La pesca

El caracol de río es muy escaso, casi ya no hay; éste era el principal alimento de los indígenas de esta comunidad. En los arroyos escasean la mojarra, el topote, la pepesca, el juile, etcétera. Esto se debe también a que gente sin conciencia pescaba anteriormente con cáscaras, raíces y tallos de barbasco que envenenaban a los peces, lo hacían con el fin de pescar más rápido pero el veneno arrasaba todo.

Otro motivo de la desaparición de las especies acuáticas fue el crecimiento de los arroyos y que además río abajo la compañía industrial azucarera (el ingenio Cuatotolapan), ubicada en la población de Juan Díaz Covarrubias, colocó una cortina de concreto (al construir una represa) impidiendo a los peces subir hasta el lugar donde moran los popolucas de Santa Rosa.

Actualmente, sólo en tiempo del "rezume de agua" algunos

pescadores capturan camarones y mayacastes en redes de varitas, tipo canastilla, que tienen forma de un embudo amarrado fuertemente con reatas por los lados. Las colocan antes de que crezca el arroyo, sólo de esta forma se construye la nasa para la pesca tradicional, otros emplean chinchorros o matayahuales.

Anteriormente el tegogolo de río, el caracol y unos camarones tipo langostino —llamados burritos por ser muy peludos pero bastante sabrosos— también abundaban en los arroyos, hoy son muy escasos.

En un arroyito de nombre Huilapilla, cerca de la comunidad, aún existen los caracoles de río pero muy escasamente; cerca de allí, casi al llegar a la comunidad de Samaria, se instaló hace un tiempo una microindustria de recepción perteneciente a la Sociedad Cooperativa de Café Cerro Cintepec, cuyos responsables tiran los desechos a este arroyo contaminándolo, a pesar de ser uno de los pocos sitios donde aún abunda el caracol de río, que forma parte de la dieta de la gente más humilde. Hasta el momento no ha habido nadie que frene ese foco permanente de contaminación.

Hoy en día en las comunidades popolucas de Santa Rosa, Samaria, Sabaneta y Los Mangos, entre muchas otras, la cacería, la pesca y la siembra son exclusivamente para el autoconsumo alimentario.

Animales de monte comestibles:

Los animales silvestres más comunes son el tepescuintle, marta, mapache, tlacuache, venado, temazate, armadillo, serete, garrobo, conejo, faisán, palomas, chachalacas, tejones, tortugas, caracoles de río y tegogolos, aunque cada vez son más escasos.

Todos estos animales comestibles se preparan asados, en caldo o en mole con acuyo, masa, jitomate, especias y sal al gusto.

Frutas y vegetales silvestres comestibles:

Chayote	Calabaza	Melón	Pepino
Piña	Maracuyá	Ojoche	Guaya
Nanche			

Plantas comestibles:

Quelite	Verdolaga
Tepejilote	Chocho
Coyol	Cogoyo de palma o palmito
Malanga	Azquiote
Choschogo	Hongo blanco y amarillo de encino
Hongo de frijol	Axquiote
Quelite, blanco	Flor de cocuite
Flor de calabaza	Flor de izote
Hoja del cosquelite	Hongo
Guananaca que nace	Quelite de tallo cuadrado
en el encino amarillo	Flor de sacramento
Chipiquelite	Yerba mora

Comida cotidiana

CALDO DE RES

INGREDIENTES:

    1   kilo de carne de res
        jitomate
        cebolla
        achiote
        cilantro
        perejil
        orégano
        pimienta
        clavo
        ajo
        sal al gusto

Se cuece la carne, se le agregan los condimentos: clavo, pimienta, especies, ajo, cebolla, jitomate, cilantro, perejil, orégano, sal y el achiote.

HUEVOS DE GALLINA

Azotados, estrellados, revueltos.

Mondongo

INGREDIENTES:

1 kilo de mondongo
3 clavos
5 pimientas
4 dientes de ajo
2 hojas de acuyo
1 limón
  orégano
  cal
  sal al gusto

Se lava bien el mondongo con limón y un poco de cal, se hierve en una olla de peltre y se tira el agua del primer hervor, después, se prepara definitivamente agregándole los siguientes condimentos, clavo, pimienta, especie, ajo, hoja de acuyo y sal. Se deja sazonar.

Quelite en mole

INGREDIENTES:

2 jitomates
1 bolita de masa
  quelite
  flor de calabaza
  frijol chipo tierno cocido
  guías de chayote y axquiote

El quelite, en la actualidad, es una comida común para la gente de las comunidades. Se cuece y se le agrega masa para hacer quelite en mole, poniéndole tomate, flor de calabaza, frijoles chipos tiernos (frijol de bejuco o frijol francia), guías de chayote y axquiote.

Flor de kardum

Ingredientes:

    3 jitomates
    1 plátano macho
    1 huevo
    2 clavos
    3 pimientas
       flor de kardum
       mejorana
       aceite
       sal al gusto

La preparación es la siguiente: se cuece en el fuego la flor de kardum con muy poca agua, una vez lista se fríe aceite con el jitomate molido y se le añade la flor, el plátano macho en forma de papilla, las especias y el huevo.

Guisado de pollo

Ingredientes:

    1 kilo de pollo
    2 dientes de ajo
    2 hojas de perejil
       jitomate
       cebolla
       orégano
       pimienta
       clavo al gusto

Se pone a cocer el pollo en dos litros de agua y luego se preparan o se muelen los ingredientes: tomate, cebolla, ajo, dos hojitas de perejil, una hojita de orégano, pimienta, clavo y sal al gusto.

Tamales

Tipos de tamales de masa con presa y carne de cerdo o pollo. Tamales de dulce, de frijol, de niño envuelto o tapizado, de elote, de frijol, pataztie o patole y frijol chipo, de chipiquelite, de cabeza de gato; morados de maíz negro o maíz colorado que se usa de un grano muy especial.

Para prepararlos se emplea un traste grande ya sea una tina o paila en donde se agrega aceite o manteca si son de masa o de frijol, pero la mayoría lleva manteca para que salgan más sabrosos. Los tamales de carne o "presa" se envuelven con hoja blanca o de berijao y, los de elote, con su misma hoja.

Bebidas

Café tradicional

Tradicionalmente el café se tuesta en una cazuela grande, después se muele en el metate o molino de mano y se guarda. Para preparar cada porción de café se ocupa una olla de regular tamaño donde se hierve agua agregándole una o dos cucharadas del polvo de café. Lo mismo se hace con el pinole del maíz y pimienta (semilla).

Atole de masa

Ingredientes:

1 bola de masa
$^1/_2$ litro de agua
   azúcar
   canela

Es otra de las bebidas tradicionales. Se hierve el agua y la masa previamente batida en un poco de agua, se mueve constantemente después de añadirle azúcar al gusto y canela. Se bebe lo mismo en el desayuno que la cena.

Pozole de maíz negro

Ingredientes:

2 cucharadas de maíz negro molido, agua, azúcar al gusto

En la comunidad y, en general, para la gente del campo, es usual beber lo que se llama pozole de maíz negro. El maíz se cuece en una traste agregándole cal, una vez cocido se lava y se muele en el metate o molino. Se toma un puño del fino polvo que se bate en agua con la mano, si se desea se endulza.

POZOLE DE TORTILLA

INGREDIENTES:

2 tortillas tostadas
azúcar al gusto

La tortilla se tuesta, luego se pone en un traste con agua para que se ablande y, posteriormente, se muele y se bate en agua, si se quiere se le pone azúcar. Hay quienes envuelven la tortilla molida con hoja de berijao con lo que adquiere un sabor especial.

BEBIDA FERMENTADA DE PIÑA

INGREDIENTES:

La cáscara de una piña
Azúcar

La bebida fermentada se prepara de la siguiente forma: en un recipiente se pone agua en cantidad regular junto con la cáscara de una piña, se deja fermentar de 3 a 6 días. Una vez fermentada se le pone azúcar, agua y ya puede beberse.

Dulces

De coco, nanche, melón, grande, cáscara de sandía y camote.

CONSERVAS DE CALABAZA, YUCA O MALANGA

INGREDIENTES:

Calabaza, yuca o malanga
Azúcar

Se cuecen en un traste de peltre, ya cocidas se les extrae la pura pulpa que se prepara con azúcar al gusto.

Recopiladores:
Anselmo Martínez Hernández
Emilio Pascual Martínez

Región de los Llanos

La región de los Llanos o cuenca baja del Papaloapan perteneció, en la época prehispánica, al extenso señorío de Huaspaltepec, hoy Playa Vicente, y al señorío de Cosamaloapan, ambos dependientes del imperio azteca. Formando parte geográficamente de los llanos, pero dependiente del señorío autónomo de Coatzacoalco, estaba el señorío menor de Solcuauhtla, situado en las márgenes de los ríos San Juan y Lalana y colindando con la Mixteca Tachixca, un señorío menor aledaño a Huaspaltepec.

Al momento de la conquista los llanos estaban poblados por diversos pueblos, entre otros nahuas, zapotecos, mixtecos, mixes y popolocas (posiblemente mazatecos), que pasaron a depender de las alcaldías mayores de Coatzacoalcos y Cosamaloapan. Una extensa parte, que abarca los actuales municipios de Azueta, Isla, Rodríguez Clara y Playa Vicente, permaneció varias decenas de años en disputa entre las alcaldías de Cosamaloapan, Veracruz, y Villa Alta, Oaxaca, hasta que quedó bajo la jurisdicción de la primera a mediados del siglo XVIII.

En términos generales podemos decir que esta región está delimitada por grandes ríos que forman parte de la cuenca del Papaloapan: al sur, el río Lalana, que corriendo hacia el oriente se junta con el Trinidad para dar origen al río San Juan, que sigue hacia el norte, desaguando en el Papaloapan, frente a Tlacotalpan. Por el poniente, el río Tesechoacán corre de sur a norte para desembocar también en el Papaloapan, que delimita a la región por el norte, formando numerosas lagunas y esteros. Esta cuenca fue visitada por Motolinía pocos años después de la conquista, quedando especialmente impresionado por un estero cercano a Tesechoacán, que aún hoy sigue alimentando de peces a los pueblos vecinos, dejando la siguiente descripción:

> Es tanto el pescado que este río tiene, que todos aquellos esteros y lagunas están cuajados de pescado, que parece hervir los peces por todas partes. Mucho habrá que decir de este río y su riqueza; y para que algo se vea, quiero contar de un sólo estero de muchos que tiene, el cual dos veces que por él entré dura siete u ocho leguas: llá-

manle Estanque de Dios. Este estero que digo, parte términos entre dos pueblos; al uno llaman Quauhcuezpaltepec, y al otro Otlatitlan; ambos bien ricos y gruesos, ansí de gente como de todo lo demás. Va tan ancho este estero como un buen río, y es bien hondable, y aunque lleva harta agua, como va por tierra muy llana parece que no corre a una parte ni a otra; al mucho pescado que en él hay, suben por él los tiburones, lagartos, bufeos, hay en este río y estero sábalos tan grandes como toninas, y ansí andan en manadas y saltando y sobreaguadas como toninas; hay también de los sábalos de España, y de aquel tamaño, y los unos y los otros son de escama; hay la manera y nombre, ansí de los unos como de los otros. Por este estero suben y en él andan y se crían los malatís o manatíes.

Asimismo se ceban en los peces de este estero muchas aves y de muchos géneros. Andan muchas garzas reales, e otras tan grandes como ellas, sino que son más pardas o más oscuras, y no tan gran cuello; andan otras aves como cigüeñas, y el pico es mayor, ca cierto es una cruel bisarma. Hay otras muchas aves de ribera, especial garzotas blancas que crían unas plumas de que se hacen galanes penachos; éstas son innumerables: alcatraces, cuervos marinos; algunas de éstas sumergiéndose en el agua sacan muy buenos peces. Las otras aves, o que no saben entrar en bajo del agua a pescar, están esperando la pelea que los pescados grandes hacen a los medianos, y los medianos a los pequeños, y a este tiempo, como los mayores dan en los menores en este tiempo como se desbarata el cardumen del pescado y van saltando de los unos y de los otros guareciéndose a las veras, entonces se ceban las aves de los peces que saltan y de los que van a la vera del agua, y al mejor tiempo... vienen de arriba los gavilanes y los halcones y se ceban también en aquellas aves, y no les faltan aves en qué coger y cebarse; y lo uno y lo otro es tan de ver, que pone admiración cómo hay tantas batallas, e los unos se ceban de los otros, y los otros en los otros, y cada uno tiene su matador. (Fray Toribio Motolinía, 1989: 392).

De vocación ganadera, en la región se asentaron numerosas y extensas haciendas como Nopalapan, Solcuauhtla, San Felipe, Santa Catarina de los Ortices, Uluapa, Guerrero, Chiltepec y San Nicolás Sacapesco. Los vaqueros, negros esclavos y libertos, se dedicaron en la época colonial al robo de mujeres indígenas de los pueblos vecinos, lo que fue una de las causas, junto con las epidemias, de la rápida declinación de la población indígena en pueblos como Tesechoacán, Chacaltianguis y Otatitlán, quedando reducida la población nativa a un núcleo localizado en Xochiapa.

La deforestación y la explotación ganadera se acentuaron después de la independencia, tendencia que continúa hasta el día de hoy, aunque buena parte de los terrenos cultivables se dedican, desde hace algunas décadas a cultivos comerciales como la piña, la caña y el hule.

A la población afromestiza, nahua y zapoteca de la zona, se sumaron en los últimos 50 años varios miles de familias reacomodadas por las obras hidráulicas realizadas en el estado de Oaxaca, destacando los mazatecos, chinantecos y mixtecos.

Mestizos de San Juan Evangelista

Dulces

PUNTA DE TECOYOTES

INGREDIENTES:

Masa
Piloncillo
Anís
Manteca
Harina de maíz

Se seca la masa en el sol y se pasa en el metate con el piloncillo y el anís. Se revuelve con la manteca y se amasa hasta que la masa se levanta del traste, después de partirla en pedazos pequeños se mete al horno a fuego lento. Se prepara como antojito.

CHONGUITOS

INGREDIENTES:

Leche cortada
Azúcar
Canela

Se hierve todo junto hasta que se seque, y listo.

Dulce de chupipe

INGREDIENTES:

Chupipes, cal, azúcar

Se pelan los chupipes, se pasan por agua de cal y exprimen, luego se ponen en agua con una poca de miel de azúcar, sin dejar de mover, hasta que quede amarillento.

Punta

INGREDIENTE:

Masa

Se prepara con la misma masa del tecoyote. Se levanta del metate la tortilla delgadita y se pone a cocer en el comal, dándole vueltas constantemente.

Conserva de gallitos (flor de cocuite)

INGREDIENTES:

Panela
Agua

Se quitan las corolas a los gallitos, lavándolos muy bien tantas veces como sea necesario, se ponen a hervir con agua y cuando están a punto de cocción, es decir ya blanditos, se sacan y exprimen; aparte, se pone agua con una o dos panelas según la cantidad de gallitos, moviendo constantemente hasta que luzcan chiclositos y brillosos.

FLOR DE COCUITE

Su madera sirve para construcción y la flor se prepara en conserva de dulce. Se cuece la flor agregándole caldo de carne de cerdo y se sirve como sopa o simplemente cocida, se le agrega cebolla, ajo y sal al gusto.

Al cocuite también se le llama matarrata (*Gliricidia sepium*, *Robinia maculata*).

Bebidas

Chocolate de apompo

INGREDIENTES:

Semilla de apompo
Cacao
Canela
Azúcar

Se abre el apompo, se saca la semilla y se corta en pedazos chicos, se pone a secar y se le añaden 100 gramos de cacao, 10 gramos de canela y azúcar al gusto; se tuesta todo y después se muele hasta convertirlo en polvillo.

Tamales

TAMALES DE COCO

INGREDIENTES:

> 1 kilo de masa
> 1 coco rallado
> 1 lata de leche condensada y endulzada
> 1/4 de kilo de manteca de cerdo
> nata de leche
> hojas de maíz
> sal al gusto

Se bate la nata con la manteca y una vez que queda bien batida se revuelve con la masa, agregar la sal, el coco rallado y vacíar toda la lata de leche, enseguida se preparan los tamalitos que deben envolverse en las hojas de maíz, y se pone al fuego, sea de leña o en estufa.

TETAMALES

INGREDIENTES:

> Masa resquebrajada, chicharrones (mosmocho)
> Piloncillo, manteca

Se amasa todo y se envuelve en hojas de almendro, se pone a fuego lento.

Informantes:
Irene Gómez Joachín
Natividad Gómez Domínguez
Francisca Tadeo
Recopiladora:
Mirna Aguilera Lili

Mazatecos de Playa Vicente

Alrededor de 1953 fueron reacomodados varios pueblos en el municipio de Playa Vicente debido a la construcción de la Presa Miguel Alemán. Como resultado se fundaron en las márgenes del río Lalana seis nuevos pueblos mazatecos (Nuevo Ixcatlán, Agua Fría Nazareno, Arroyo del Tigre, Santa María, Cosolapa Sarmiento, Nuevo Raya Caracol) y uno chinanteco (Pescadito), de los cuales el de mayor población es Nuevo Ixcatlán.

Este reacomodo forzoso laceró a los mazatecos al grado de debilitar su identidad étnica. Durante varias décadas estos pueblos pasaron casi desapercibidos, pero en los últimos años han resurgido vigorosamente rescatando varios de sus elementos culturales tradicionales como el son jarocho y los sones mazatecos, su danza tradicional, su mayordomía, memoria histórica, artesanías y gastronomía tradicional. Todo ello se ve reflejado en un hermoso museo comunitario recientemente inaugurado en Nuevo Ixcatlán. Un rasgo muy propio de los mazatecos es el compromiso con su cultura y sociedad que se traduce en la defensa a ultranza de sus tierras, sus ideas de autonomía municipal, el fortalecimiento de su lengua materna y el rescate y revaloración de su historia.

Actualmente hay más de 7 000 mazatecos, dedicados principalmente a la agricultura tradicional, la siembra de hule y sorgo y la ganadería. Estas actividades alivian escasamente la pobreza generalizada entre los habitantes, por ello la emigración a la Ciudad de México, Coatzacoalcos y Estados Unidos es muy alta.

Aves de corral, pescado y carne

PILTE DE POLLO

INGREDIENTES:

       1   pollo en piezas
      15   hojas de acuyo
      ½   kilo de tomate
      10   chiles verdes
       1   cebolla mediana
       5   dientes de ajo
           hojas de plátano o de pazol
           sal al gusto

Se destaza y lava el pollo; se muele en el molcajete el ajo, el chile y el tomate y se rebana la cebolla. Se asan las hojas de plátano. En un recipiente se vacía el pollo agregando el ajo, el chile y el tomate ya molidos, así como la cebolla rebanada, acuyo bien picado y sal al gusto; se revuelve todo perfectamente, se acomoda y envuelve en las hojas de plátano; se acomoda el pilte en el comal, se pone al fuego y listo.

PILTE DE PESCADO

INGREDIENTES:

       1   kilo de pescado o mojarra
       4   hojas de pozole o de plátano
       1   ramita de epazote
           leña o carbón, sal al gusto

Se lava muy bien el pescado y se le pone sal al gusto; las hojas se limpian y se extienden, encima se coloca el pescado en rebanadas con su rama de epazote, formando un tamal; el pilte ya hecho se pone sobre el comal y se cuece a fuego lento sobre brasas de leña o carbones.

CALDO DE PATA DE RES

INGREDIENTES:

- 2 patas de res
- 1/4 de kilo de jitomate
- 1 cebolla mediana
- 10 chiles serranos
- 5 dientes de ajo
- 1 manojo de hierbas de olor
  cilantro
  orégano
  cebollines
  sal al gusto

Se lavan muy bien las patas y se ponen a cocer con sal; cuando ya están cocidas se agrega la cebolla en rebanadas, el tomate, los chiles y el ajo ya molido, por último se ponen las hierbas de olor picadas; se sirven con limón.

PESCADO ASADO

INGREDIENTES:

- 2 pescados
- 10 chiles serranos verdes
- 5 dientes de ajo
  carbones
  sal al gusto

Se limpian los pescados enteros y se ponen sobre una parrilla con carbones encendidos para asarlos a fuego lento. Mientras, se asan los chiles verdes y se muelen con ajo, haciendo una salsa verde jugosa. Se les pone la salsa a los pescados ya asados.

POLLO ASADO

INGREDIENTES:

Pollo
Sal al gusto

Se lava perfectamente el pollo, se pone sal al gusto y, por último, se cocina a fuego lento.

CALDO DE CAZUELA DE CERDO

INGREDIENTES:

$^1/_2$ kilo de costilla de cerdo
$^1/_2$ kilo de carne maciza de cerdo
$^1/_2$ kilo de jitomate
1 cebolla mediana
8 chiles verdes
3 ramas de hojas de yerbabuena
5 dientes de ajo
cebollín al gusto
sal al gusto

Se pone a cocer la costilla y la carne con sal, a medio cocer se retira del fuego y se escurre; después se sofríe con aceite, agregando el ajo, los chiles y la cebolla, todo molido y colado. Ya que esté bien sazonado se incluyen los jitomates, también molidos y colados, junto con las hierbas de olor y el caldo donde hirvió la carne; se deja hervir todo junto.

Mondongo asado en mole amarillo

INGREDIENTES:

  1 kilo de mondongo o pancita de res
10 chiles secos
  3 hojas de aguacatillo
     achiote
     masa
     sal al gusto

Se lava la pancita y se asa en las brasas con sal, ya que esté bien asada se pone a hervir en un litro y medio de agua, se la añaden las hojas de aguacatillo, el chile seco asado y molido y el achiote desleído para dar color. Ya que esté bien cocida se deslíe la masa, se cuela y se agrega, moviendo constantemente para que no se formen grumos. Al hervir se retira del fuego.

Caldo de res

INGREDIENTES:

  1 kilo de costilla cargada
  4 jitomates grandes
$1/2$ cebolla
  6 chiles verdes
  6 dientes de ajo
  4 chayotes
     cilantro
     orégano
     orejón
     cebollín
     sal al gusto

Se pone a cocer la costilla en un litro y medio de agua con la sal, a medio cocer se le agrega el chayote en pedazos y las hojas de olor. El jitomate, chile y cebolla se muelen y se vierten al caldo dejándolo hervir hasta que la carne esté en punto de cocimiento.

PIPIÁN

INGREDIENTES:

- 1 kilo de pollo
- 5 jitomates medianos
- 100 gramos de ajonjolí tostado y molido
- 1/2 cebolla
- 1 cabeza de ajo chica
- 10 chiles secos
- 2 hojas de acuyo
  sal al gusto

Se lava el pollo y se pone a hervir con sal en un litro de agua. Se asan todos los ingredientes y se muelen, después se sofríen con un poco de aceite junto con el pollo. Ya que esté frito se le agrega el caldo de pollo y las hojas de acuyo; se retira del fuego cuando hierva.

TESMOLE

INGREDIENTES:

- 1 kilo de pollo
- 1/4 de kilo de masa
- 6 hojas de acuyo
  achiote
  chile seco al gusto asado y molido
  sal al gusto

Se pone a hervir el pollo con sal, a medio cocer se le agregan las hojas de acuyo, el achiote diluido para dar color y el chile seco asado, molido y colado. Cuando rompe el hervor se le echa la masa batida y colada, moviendo para que no se formen grumos. Una vez que esté espeso y cocido se retira del fuego sacando las hojas de acuyo para molerlas en el molcajete y preparar una salsa.

Molito amarillo con huevo

INGREDIENTES:

- 1 litro de agua
- 10 chiles secos
- 8 huevos
- 3 hojas de acuyo
  achiote
  masa
  sal al gusto

Se pone a hervir el agua, mientras tanto se asan y muelen los chiles con un poco de agua, agregándolos al caldo; luego se agrega el achiote desliado y con sal al gusto; los huevos se revientan en el caldo, junto con las hojas de acuyo. La masa se deslíe con un poco de agua, al igual que el achiote, y se incorpora al caldo sin dejar de mover, cuando hierve se retira del fuego.

Salsa de camarón

INGREDIENTES:

- $1/4$ de kilo de camarón seco
- 8 huevos
- 3 jitomates
- 2 rebanadas de cebolla
- 3 dientes de ajo
- 1 rama de epazote
  chile verde al gusto
  sal al gusto

Se bate el huevo junto con la cebolla y los camarones, previamente lavados y descabezados, agregando sal al gusto. Se fríe en forma de torta de huevo y se corta en pedazos. Aparte se cortan los jitomates, los ajos y los chiles, se muele todo y se agrega a la torta de huevo, dejándolo hervir con la rama de epazote hasta que sazone perfectamente.

TESMOLE DE CAMARÓN

INGREDIENTES:

$^1/_4$ de kilo de camarón seco
15 chiles verdes
$^1/_4$ de kilo de masa
1 rama de epazote

El camarón se lava muy bien para que se le quite la sal y se descabeza, enseguida se pone a hervir con un litro de agua. Los chiles verdes se asan, se muelen y se cuelan para echarlos al caldo; la masa y el achiote se deslíen con un poco de agua y se cuelan para incorporarlos también; se agrega una ramita de epazote, moviendo constantemente.

Vegetales y hierbas

FRIJOL TIERNO GUISADO

INGREDIENTES:

5 mazos de vainas de frijol tierno
3 jitomates medianos
3 chiles verdes
1 diente de ajo
1 rebanada de cebolla
1 mazo de cilantro, sal al gusto

Se desvaina el frijol y se pone a cocer con sal; ya que esté cocido se pica el jitomate, la cebolla y el chile y se fríe con el diente de ajo machacado. Ya frito se le agrega al frijol junto con el cilantro, se deja cocer por media hora y se retira del fuego.

FRIJOL PICOSO CON YERBAMORA

INGREDIENTES:

$^1/_2$ kilo de frijol negro tierno despicado
3 jitomates medianos
5 chiles gordos (jalapeños)
1 rebanada de cebolla
4 ramas de cilantro
1 diente de ajo
    manteca de cerdo
    yerbamora y sal al gusto

Se pone a cocer el frijol, cuando ya esté listo, se pica jitomate, chile, cebolla, cilantro y ajo y se fríe con un poco de manteca de cerdo. Cuando sazone se le echa al frijol junto con la yerbamora, se espera que hierva y se retira del fuego.

Yerbamora guisada con ajonjolí

Ingredientes:

2 manojos de yerbamora
3 jitomates medianos
10 chiles verdes
3 dientes de ajo
2 rebanadas de cebolla
1 rama de cilantro
100 gramos de ajonjolí
sal al gusto

La yerbamora se hierve y se escurre. Se asan chiles, jitomates, ajo, cebolla y ajonjolí; posteriormente se muelen y se fríen. Ya sazonada, a la salsa se le agrega la yerbamora y el cilantro, dejando hervir por cinco minutos.

Salsa de tepejilote

Ingredientes:

10 chiles verdes
4 tepejilotes
sal al gusto

Se asan los tepejilotes, después se pelan y se pican, moliéndolos en el molcajete junto con los chiles asados y la sal.

Salsa picosa de ajonjolí

Ingredientes:

15 chiles verdes
100 gramos de ajonjolí
3 jitomates
1 rama de cilantro
sal al gusto

Se asan los chiles, el ajonjolí y los jitomates y se muelen en el molcajete junto con la rama de cilantro y la sal.

Tortilla de yuca

Ingredientes:

1 kilo de frijol
2 kilos de yuca
2 hojas de yuca
2 hojas de aguacatillo
100 gramos de chile seco asado

La yuca se pela, se corta en pedazos chicos y se muele, repasando la masa tres veces; enseguida se exprime en una servilleta limpia. El frijol se hierve y a medio cocer se retira del fuego, sacando solamente los granos, éstos se muelen junto con el chile asado y las hojas de aguacatillo. Posteriormente se extienden las tortillas de yuca, se les unta encima el frijol y se doblan para ponerlas a cocer en el comal.

Pilte de cocolmeca

Ingredientes:

Raíz de cocolmeca
Chile verde
Aguacatillo
Hoja de plátano
Sal al gusto

Se lava perfectamente la raíz de la cocolmeca, después se machuca; se muele el chile verde en el molcajete y se le agrega a la cocolmeca. Se le ponen las hojas de aguacatillo y sal al gusto. Aparte, se asan y limpian muy bien las hojas de plátano; en las hojas se envuelve la cocolmeca ya preparada y, por último, en un comal con ceniza, se acomoda el pilte y se pone a fuego lento.

Quelite blanco guisado

Ingredientes:

1   rollo de quelite blanco
2   rebanadas de cebolla
3   jitomates
10 chiles verdes
1   diente de ajo

El quelite se pone a hervir con una rebanada de cebolla y sal al gusto, cuando hierva se retira del fuego y se pone a escurrir. Mientras, el resto de la cebolla se pica con el jitomate, el chile y el ajo, poniéndolo a sofreír con una poco de manteca, enseguida se pica también el quelite y se le echa al guiso, para que todo junto se sofría.

CHILE ASADO CON SAL Y LIMÓN

INGREDIENTES:

125 gramos de chile verde
  3 limones
  1 cebolla chica
 ½ cucharadita de sal

Se lavan bien los chiles y se asan a fuego lento, ya asados se muelen en el molcajete; la cebolla se corta en trocitos y se agrega al chile junto con el jugo de los limones, se le pone sal y está listo para comer.

SALSA DE CHILE SECO FRITO

INGREDIENTES:

100 gramos de chile seco
 ½ taza de aceite
  2 dientes de ajo
    sal al gusto

Se doran los chiles en aceite a fuego lento; ya dorados, se muelen en el molcajete junto con los dos dientes de ajo, se agrega sal al gusto.

Salsa cruda de tomate de rancho

- ¼ de kilo de jitomate de rancho
  (jitomate chiquito o miltomate)
- 8 chiles verdes
- ¼ de cucharadita de sal
  hojas de cilantro al gusto

Se lavan muy bien los jitomates, los chiles y el cilantro. A los jitomates se le retira toda la semilla y se muelen en un molcajete todos los ingredientes.

Tamales

TAMALES DE YUCA

INGREDIENTES:

10 kilos de yuca
50 gramos de chile seco (tabaquero)
2 kilos de costilla de cerdo
1/2 cabeza de ajo
1 cebolla chica
1 kilo de manteca
10 hojas de acuyo (hierba santa)
30 hojas de pazol

La costilla se corta en pedazos y se pone a hervir con sal. Para preparar la masa de los tamales, la yuca se lava perfectamente, se pela y se corta en trocitos para poder molerla; ya molida se exprime en una manta o servilleta para que se escurra todo el jugo, volver a pasarla por el molino, después se le agrega la sal y la manteca. Para la salsa de los tamales se asa el chile seco y los ajos, se licuan con 4 tazas del caldo de la costilla y se ponen a freír 4 rebanadas de cebolla, incorporando después la salsa y una pizca de sal. Aparte se diluye una bolita de masa de la yuca y se le agrega a la salsa para que espese; ya que esté hirviendo se retira del fuego. Las hojas de pazol se pasan al fuego por ambos lados y se limpian. Después con una tacita que sirva de medida se agarra la masa, se extiende en la hoja de pazol agregándole un poco de la salsa y un trozo de carne; encima se coloca un pedazo de hoja de acuyo, se envuelve y cuando están listos todos los tamales se colocan en la vaporera y se ponen a cocer por espacio de una hora y media; al retirarlos del fuego están listos para servirse. Rinde 30 tamales.

Tamal con hueso asado

Ingredientes:

- 2 kilos de espinazo de cerdo
- 2 kilos de masa
- 4 hojas de aguacatillo
- 50 gramos de chile seco
- 3/4 de kilo de manteca
- 25 hojas de pazol, sal al gusto

Se lava y se le pone sal al espinazo, poniéndolo sobre brasas para que se ase; ya que esté asado se pone a hervir en dos litros de agua, cuando suelte el hervor se le agregan las hojas de aguacatillo; se deslíe un poco de masa y se cuela; también se le agrega el chile seco asado y molido, moviendo hasta que se espese y hierva. La masa para los tamales se prepara con la manteca y la sal, batiendo muy bien, después se extiende en la hoja y se le pone un pedazo de espinazo con un poco de la salsa, se envuelven y se colocan en la vaporera, se cocinan por 1 hora y ya están listos.

Tamal de cazuela de yuca

Ingredientes:

- 1 kilo de espinazo de cerdo
- 15 chiles secos
- 5 hojas de acuyo
- 3 yucas
- achiote para color, sal al gusto

Se hierve el espinazo con sal en un litro de agua; a medio cocer se le agrega el chile seco asado, molido y colado, las hojas de acuyo y el achiote desleído en un poco del agua para darle color. La yuca se lava, se pela y se muele para que quede como masa, se deslíe en un poco de agua y se le agrega al caldo para que espese moviendo para que no se formen grumos hasta que hierva.

Tamalitos con frijol nuevo

Ingredientes:

- 2 kilos de masa
- 2 kilos de frijol tierno desvainado
- 1 kilo de manteca
- 1 mazo de cilantro
- 15 hojas de huasmole

Se revuelve la masa con el frijol, la manteca y la sal, enseguida se extiende en forma de tortilla poniéndole una rama de cilantro encima; se forman los tamales envolviéndolos con las hojas de huasmole. Al terminar, los tamales se ponen a cocer aproximadamente una hora.

Bebidas

CHILE ATOLE

INGREDIENTES:

Elotes
Chile
Epazote
Azúcar
Sal al gusto

Se pelan los elotes quitándoles los pelos, se hierven y, después, se les agrega epazote, azúcar y sal al gusto. Se asan los chiles verdes en seco, se muelen en el molcajete y se cuelan; el jugo se le agrega a los elotes hirviendo.

Se desgranan unos elotes y se muelen los granos, luego se le agrega suficiente agua para que no quede ni muy aguado ni muy espeso. Se cuela y se le agrega a la olla de elotes hirviendo, se mueve para que no se pegue; se deja hervir otro rato y está listo.

POPO DE COCOLMECA

INGREDIENTES:

1/4 de kilo de cacao
1 kilo de masa o arroz
raíz de cocolmeca
canela
azúcar

Se asa la raíz conocida como cocolmeca, se tuesta el cacao y la canela al gusto. Una vez tostado y asado se muele el arroz con la cocolmeca, el cacao y la canela. Ya molidos y repasados, se mezcla todo y, en un recipiente, se pone agua suficiente para que no quede

136

ni muy aguado ni muy espeso. Se cuela y se le agrega azúcar al gusto. Se vierte en un recipiente limpio para poder batirlo y sacarle espuma. y ya está listo para saborearlo.

Informantes:
Francisco Cano Castillo
Domingo Moreno
Leonarda Caña de Alonso
Tiburcia García Alvear
Perfecta Mina
Linda Sarmiento de Betanzos
Silvia Guadalupe Chiu García

Recopiladora:
Esperanza Arias Rodríguez

Corredor industrial

A mediados del siglo XIX la parte baja de la cuenca del Coatzacoalcos empezó a desarrollarse; primero, a partir del establecimiento del puerto de altura en Minatitlán y, después, con la
construcción del Ferrocarril Transístmico que unía Salina Cruz,
Oaxaca, con Coatzacoalcos, Veracruz. Pero el factor determinan-
te fue la explotación petrolera y el establecimiento de la refinería
a principios del siglo, hasta convertirse en un importante polo de
desarrollo, en la segunda mitad de presente siglo, con la explotación de la petroquímica básica y secundaria, con numerosos complejos petroleros e industrias subsidiarias.

La ciudades con mayor población del sur de Veracruz se concentran en el Corredor Industrial: Coatzacoalcos, Minatitlán,
Nanchital, Agua Dulce, Las Choapas, Ixhuatlán, Moloacán, Cosoleacaque, Jáltipan y Acayucan. En este espacio convive una población originalmente nahua, que aún conserva elementos de su
cultura tradicional con una gran población migrante de zapotecos
procedentes del istmo oaxaqueño, una mayoría de mestizos llegados de diferentes partes del país y minorías como chinos y árabes,
así como descendientes de ingleses y franceses.

A pesar de la rápida industrialización y la consecuente aculturación de muchos pueblos del Corredor Industrial, aún siguen vigentes los fandangos jarochos, las fiestas tradicionales, las velas
oaxaqueñas, las danzas, las artesanías y la medicina tradicional,
así como la gastronomía basada en los productos del río y los pantanos que tapizan la mayor parte del territorio.

En este espacio se desarrollaron en la época colonial varios
núcleos de población afromestiza (Acayucan, Chinameca y Chacalapan) y de milicianos, vaqueros y arrieros, cuya influencia es
aún reconocible en la cultura tradicional.

Afromestizos de Chacalapa y Chinameca

Chinameca es un pueblo nahua de origen prehispánico asentado al momento de la conquista en el área del río Uxpanapan. A causa de los ataques piratas alrededor de 1670, a los pueblos asentados en la cuenca del Coatzacoalcos, varios de ellos se reubicaron tierra adentro, entre otros Oteapan, Chinameca, Monzapa y Oceloapan (hoy desaparecidos los dos últimos).

Chinameca se asentó nuevamente en las cercanías de Tenantitlan, pueblo que fungía como cabecera parroquial de la cuenca del Coatzacoalcos y los llanos inmediatos a la sierra de Santa Martha, en el área que hoy ocupa el Corredor Industrial. Pronto Chinameca fue asiento de las milicias afromestizas que cuidaban la barra del Coatzacoalcos y la costa del Golfo desde Tonalá a Sontecomapan. Esto permitió un rápido crecimiento del pueblo al grado de que el pueblo original de Tenantitlan llegó a ser considerado un barrio más de Chinameca y, finalmente, se asimiló a ésta con todo y parroquia.

Consecuencia directa del crecimiento de la población afromestiza fue la rápida declinación de la población nahua. En 1746 habitaban 32 familias indígenas y 50 de mulatos y negros; para 1803 eran 29 familias indígenas y 142 afromestizas y, en 1815, vivían sólo 20 familias indígenas y 160 afromestizas.

Dependiente de Chinameca se encontraba la hacienda ganadera de Chacalapa, ubicada unos 20 kilómetros al norte. Esta hacienda contaba con 14 familias de pardos libres en 1777 y, en 1886, tenía 307 habitantes, sin especificar sus caracteres somáticos (Camacho, 1975). Su condición afromestiza se reforzó a fines del siglo XIX, con el establecimiento del ingenio Coscapa en sus alrededores, en donde se empleó numerosa fuerza de trabajo procedente del Caribe, especialmente de Jamaica. Por ello, la tradición oral sostiene que los chacalapeños son descendientes de los afromestizos trabajadores del ingenio, especialmente de negros jamaiquinos y cubanos, aunque su presencia se remonta al menos a principios del siglo XVIII. Parte de esta conciencia aún se conserva en la tradición oral cuando se dice que la población de rasgos afromestizos es descendiente de los "negros Dunga".

Como sucede en casi todos los asentamientos originalmente afromestizos del sur de Veracruz, en Chacalapa predomina la cultura indígena regional y sólo una revisión atenta permite descubrir rasgos que dejan entrever la raíz africana. En el caso de Chacalapa y Chinameca, entre los rasgos afromestizos más evidentes podemos mencionar su danza de negros, sus jaraneros con el uso de la leona o vozarrona (jarana que cumple la función del bajo), su gastronomía alrededor de la yuca, la malanga y el plátano y la medicina tradicional alrededor de los "culebreros", entre otros.

Las recetas escogidas sólo son una muestra de las gastronomía afromestiza. Se dejaron fuera muchas recetas ya repetidas para otros municipios como la tortuga en pipián y las distintas variantes de preparar mogo mogo, ya registradas para Acayucan y los Tuxtlas, así como los moles en sus variantes oaxaqueñas.

Guisos

Mogo mogo de plátano bolsa o cuadrado

INGREDIENTES:

Plátano bolsa maduro
Manteca de puerco

Se dejan madurar bien los plátanos, se muelen o baten bien y se fríen con manteca de cerdo. Se come en el desayuno, como postre.

Mole de acuyo

INGREDIENTES:

Carne de puerco
Hojas de acuyo
Tomate
Cebolla
Ajo
Masa

Se cuece bien la carne de puerco con la hoja de acuyo, previamente lavada. Aparte se muele el jitomate, la cebolla y el ajo; se agrega a la carne cocida y se deja hervir. Se espesa con masa.

MOLE VAQUERO

INGREDIENTES:

Costilla de res
Chayote
Masa
Jitomate
Epazote
Cebolla
Ajo

Se asa o ahuma la costilla, se corta en trozos y se pone a hervir.
Aparte se cuece el jitomate con la cebolla el ajo y epazote y luego
se fríen. Se le agrega a la carne con pedazos de chayote para hervir todo junto. Se espesa con masa.

CHOCHOGO CON MOLE

INGREDIENTES:

Chochogos
Masa
Epazote
Coachile
Jitomate
Cebolla
Ajo

Se hierven los chochogos. Aparte, se cuece el jitomate con la cebolla, el ajo, el coachile y el epazote; luego se fríen. Se agregan
a los chochogos con un poco del caldo en que se cocieron y se va
espesando con masa.

En este caso el chochogo es la inflorescencia de una planta
parecida a la llamada platanillo, y es totalmente diferente al chochogo o agrás (*Vitis caribea*), uva cimarrona propia de las selvas
tropicales.

143

CHOCHOGO CAPEADO EN CALDO

INGREDIENTES:

Chochogos
Huevos
Harina
Arroz
Chile ancho
Cebolla
Ajo
Aceite

Se cuece el chochogo, luego se le agrega huevo lampreado y se le rocía harina. Aparte se muele o licúa chile ancho al gusto, cebolla y ajo, se fríe y se le agrega el caldo donde se hirvió el chochogo y los chochogos capeados. Al servir el caldo se mezcla con arroz blanco cocido.

IGUANA EN MOSTE

INGREDIENTES:

1 iguana
masa de maíz
hojas de moste
jitomate
ajo

Se aliña y se hierve la iguana. Las hojas de moste se doran en el comal, luego se licuan con jitomate y ajo, se cuela y el líquido resultante se fríe con manteca de cerdo y se agrega al caldo de iguana, dejándolo hervir. Se espesa con masa.

Tapispi de jolote

Ingredientes:

Jolote
Hojas de berijao
Hojas de acuyo
Jitomate
Cebolla
Chile verde

Se corta el jolote en postas. Se extiende la hoja de berijao, se le pone encima una hoja de acuyo extendida, luego, las postas de jolote, jitomate licuado crudo, cebolla picada y rajas de chile verde, se envuelve y se cuece al vapor, como tamal. Se come con tortillas hechas a mano.

Tachogogüi

Ingredientes:

Retazos de hueso de cerdo (cadera o cuadril)
Jitomate
Ajo blanco
Cebollín
Chile ancho

Se cuecen los retazos, se fríen sobre su misma manteca con cebollín picado, aparte se licua el jitomate, ajo blanco y chile ancho y se agregan a la carne para freírse juntos.

PESCADO EN CHILPACHOLE

INGREDIENTES:

Mojarra o peje lagarto
Jitomate
Ajo
Cebolla
Epazote
Masa de maíz
Manteca de puerco

Se fríe el pescado entero, luego se hace en caldo con epazote. Aparte se refríe jitomate, cebolla y ajo, con manteca de puerco; se le va agregando poco a poco el caldo y luego el pescado. Se espesa con masa o jitomate.

CONEJO DE MONTE

INGREDIENTES:

Un conejo
Laurel
Hojas de aguacatillo
Chile guajillo o ancho
Jitomate
Cebolla
Vinagre
Ajo y pimienta

Se aliña el conejo, y se deja reposar en vinagre con ajo, pimienta, laurel y hojas de aguacatillo. Cuando se va a guisar, se licúan aparte 2 o 3 chiles anchos o guajillos, con jitomate, cebolla y ajo, procurando que quede espeso, y se pone a cocer con el conejo.

FRIJOLES NEGROS DE OMBLIGO

INGREDIENTES:

Frijol negro
Epazote
Masa de maíz
Manteca de cerdo

Se ponen a hervir los frijoles negros con epazote, una vez que están blandos se le agregan trozos de chicharrón y bolitas de masa con manteca y sal, a éstas se les hace una depresión con el dedo y se dejan hervir hasta que se cuecen las bolitas y el chicharrón está blando. Esta receta es una variante del frijol con chocholo.

FLOR DE CUANASNAGA (HONGO DE ENCINO)

INGREDIENTES:

Hongo de encino o cuanasnaga
Jitomate
Cebolla
Chile verde
Pimienta
Limón
Manteca de cerdo
Ajo
Sal

Se lava la cuananaga o cuanasnaga, se machaca y se le pone pimienta, ajo, sal y limón, se deja reposar un rato. Se agrega manteca de cerdo, jitomate en rebanadas, cebolla y una raja de chile verde. Todo junto se pone a la lumbre para que se cueza en su jugo.

Cuanasnaga con coachile

INGREDIENTES:

Cuanasnaga
Coachiles
Cebolla
Limón
Jitomate
Ajo

La cuanasnaga se asa o se cuece con coachile, se le agrega limón, sal y salsa de coachile, hecha con jitomate, ajo y coachile.

Yuca, malanga, ñame o camote en rebanadas

Se corta el tubérculo en rebanadas y se fríe, hasta dorar al gusto. Se les pone sal o azúcar. Puede comerse solo o acompañar las comidas.

Caldo de res con malanga

INGREDIENTES:

Carne de res con hueso
Malanga
Chochogo
Chayote
Elote
Ejotes

Se pone a hervir la carne de res con hueso; una vez que la carne esté casi cocida se le agrega malanga, chochogo, chayote, ejotes y elote.

DULCE DE YUCA CON PANELA

INGREDIENTES:

Yuca
Panela

Se hierve la yuca y se le agrega panela al primer hervor; si se prefiere se les agrega canela. Se deja que espese una vez que la yuca esté blanda.

TORTITAS DE YUCA

INGREDIENTES:

Yuca
Huevo
Azúcar
Harina
Canela

Se cuece la yuca, se muele, se bate con huevo, se le agrega azúcar, se le riega harina y se forman tortas pequeñas, luego se fríen. Conforme van saliendo del sartén se revuelcan en azúcar. Se les puede agregar canela molida.

Informantes:
Estela Soto Salazar
Galdina Huervo

Recopilador:
Alfredo Delgado

Nahuas, zapotecos y afromestizos de Acayucan

Acayucan es una población originalmente de la etnia nahua. Es de origen prehispánico. Al decaer tempranamente la Villa del Espíritu Santo, capital de la provincia de Coatzacoalcos, la cabecera pasó a Acayucan, entre 1615 y 1650. Junto con Oluta, Texistepec, Jáltipan, Sayula, Tetiquipa y Jaltepec, formó parte de la encomienda del conquistador Luis Marín y descendientes. Fue cabecera de la alcaldía mayor, de la subintendencia y, después, cabecera cantonal y municipal.

Su población indígena ascendía, en 1746, a 296 familias, mientras que la población afromestiza era de 70 familias y la de origen español de 30. Para 1803, las familias indígenas eran 182, en tanto que las familias de pardos, mulatos y negros habían aumentado a 548 y las españolas a 70.

Desde la época colonial Acayucan es cabecera parroquial. Su santo patrono es San Martín Obispo, a quien celebran el 11 de noviembre. Al día siguiente, 12 de noviembre, la comunidad zapoteca celebra a San Diego de Alcalá. Para esas fiestas es común preparar los tamales de chipile, los tamales de carne y el popo, una bebida tradicional espumosa. La mayordomía istmeña realiza una vela, la tradicional Calenda y la Regada de Frutas. Las bandas de viento oaxaqueñas y los jaraneros jarochos no faltan en estas festividades.

De la leña al gas y de la jícara al vaso de peltre

Sobre los cambios operados en la gastronomía tradicional vale la pena transcribir unas palabras de la profesora Rita Alafita, a propósito de Oluta, población de origen mixe popoluca vecina de Acayucan:

También en la elaboración de los alimentos se han experimentado cambios importantes. Antiguamente la leña era el único combustible en la cocción de los alimentos, pero al escasear ésta y aparecer los combustibles como el petróleo y el gas, pocos la siguen usando. Durante algún tiempo se usó el carbón que se elaboraba en el mismo pueblo, hoy tampoco tiene mucho uso en el hogar, excepto algunos usos aislados.

Cuentan algunos vecinos del pueblo que hace muchos años, para conservar las carnes, las secaban en el humo de la leña y las guardaban en ollas de barro, con el fin de que durara varios meses. La leche y el agua la tomaban sin hervir, los guisos se hacían con manteca, fuera ésta de cerdo o de res.

Una tradición aún no perdida es la elaboración de tamales con popo, bebida hecha a base de cacao, azúcar, canela y una planta llamada azquiote, durante alguna fiesta familiar o popoluca (el 24 de junio, día de san Juan Bautista). Durante las fiestas también se preparan antojitos como garnachas, empanadas, mole negro, algunas hierbas que se comen con diferentes clases de carnes y frijoles. Las carnes de animales silvestres han desaparecido en la alimentación del pueblo oluteco.

Molían en el metate la sal que compraban granulada a los comerciantes que venían de Campeche, molían también el café tostado (esto aún se hace), se molía el maíz para hacer masa para las tortillas, el atole o los tamales; lo mismo se hacía con el cacao para el chocolate o el maíz tostado para el pinole y alfajores, que son dulces hechos a base de maíz molido, pimienta y panela o azúcar, para tomarlo como café. (Alafita, 1989).

Guisos

Tesmole de res

INGREDIENTES:

Chile guajillo
Chile ancho
Tomate, cebolla
Masa, epazote
Aceite, ajo
Pizca de pimienta
Sal al gusto

Se fríen los chiles y se licuan con los ingredientes menos la masa, se sofríe y se le echa el caldito de la carne ya cocida con epazote, cuando esté hirviendo se le echan unas bolitas de masa, éstas se hacen con epazote y aceite, se revuelve bien la masa, se le hace un hoyito a la bolita y se le echa al caldillo.

Asado de res

INGREDIENTES:

Tomate
Cebolla
Zanahoria
Harina
Pimienta
Sal al gusto

La carne se pone en trozos en una cacerola con un poco de mantequilla; se pone a cocer en su propio jugo, se añaden, licuados, cebolla, ajo, pimienta y una pizca de orégano. Se agrega una zanahoria y, ya que esté casi todo cocido, se le echa un poco de harina disuelta en agua. Esto es para blanquear el caldillo.

Mogomogo con mosmocho (asientos de chicharrón)

INGREDIENTES:

Plátano macho verde o maduro
Mantequilla o aceite
Cebolla
Mosmocho

Se cuece el plátano macho, aparte se fríe en aceite o mantequilla la cebolla bien picadita, allí se agrega el mosmocho y el plátano machacado. Se puede comer acompañado de tortillas o solo.

Nopales a la vinagreta

INGREDIENTES:

$1/2$ kilo de nopales en rebanadas
$1/2$ kilo de zanahoria en tiras
1 coliflor chica
1 lata de chiles en vinagre
laurel
piloncillo
canela
clavo
ajo
pimienta

Se hierven los vegetales por separado y se escurren bien; se rebana bastante cebolla y se acitrona en una cacerola con las rajas de canela, el clavo, el ajo, la pimienta y las hojas de laurel; se le añaden los nopales, la zanahoria y la coliflor, con una pichanca se traspalea para que no se bata la coliflor, enseguida se le agregan los chiles curtidos, cuando todo está hirviendo se le ralla encima un piloncillo.

CHOSCHOGO CON HUEVO

INGREDIENTES:

Huevos
Choschogos
Aceite
Sal al gusto

Se lavan los choschogos y se hierven. Una vez hervidos se ponen a escurrir. Se fríe el huevo y se le agrega el choschogo, entero o desmenuzado, según se prefiera. También se puede hacer capeado.

SALSA PICANTE

INGREDIENTES:

Chile chipotle seco
Cebolla
Pimienta
Sal al gusto

Se remoja el chile, se licua y sofríe con cebolla, pimienta y sal, se deja un rato para que agarre bien la sal.

Frijol bayo y/o frijol blanco

Ingredientes:

Frijol bayo
Tocino
Chorizo
Longaniza
Repollo
Tomate
Cebolla, ajo
Pimienta

Se pone el frijol a cocer, cuando ya están blanditos, se refríe el chorizo o longaniza, los demás ingredientes licuados también se refríen y se vacían a la olla, se vierte el repollo picado y se sazona con sal. Para el frijol blanco se cocina igual pero el repollo se sustituye por la acelga.

Crema de frijol negro

Ingredientes:

Frijoles
Consomé de pollo
Cebolla
Masa
Perejil
Epazote
Mantequilla
Orégano
Ajo
Pimienta

Se refríe con la mantequilla el ajo picado y los demás ingredientes, se vacía el frijol ya licuado y el consomé. Bolitas de masa: éstas se preparan con manteca, epazote y sal, se hacen bolitas, con el dedo se le hace un hueco y se vacían a los frijoles ya hirviendo.

Frijolitos negros chiquitos

INGREDIENTES:

Frijol
Chile
Masa
Epazote

Se tuesta el frijol y se licua, se ponen a cocer con agua, se muele chile, epazote en ramita y se agrega, también se hacen bolitas de masa con manteca y epazote; cuando todo está hirviendo se le ponen las bolitas de masa.

Garnachas

INGREDIENTES:

Masa
Cebolla
Chile seco
Repollo
Zanahoria
Carne cocida
Queso rallado

Se cuece la carne, se deshebra y se pica, se revuelve con la cebolla finamente picada; aparte, se prepara el repollo picado y la zanahoria rallada, se agrega al vinagre de piña casero y orégano seco, se hace una salsa con chile seco se remojan y se licuan. Para preparar las garnachas se hacen unas tortillas chicas en el comal y, ya cocidas, se les hace un borde; se les pone a la tortillas salsa y carne y se refríen en poco aceite sin que estén tostadas; ya para servir, se les pone el repollo ya preparado y el queso rallado.

Vinagre de piña

INGREDIENTES:

6 dientes de maíz tostado
cáscara de piña
agua hervida y fría
panela

Se pone la cáscara en agua con los dientes de maíz y se dejan por cinco días; luego se le echa panela.

El mole

Las variedades de mole consisten en el color del mismo. El origen del color se adquiere en la preparación del chile ancho y de los otros chiles, cuando más se fríen más oscuro saldrá el mole. El mole oaxaqueño se diferencia por el color más oscuro.

MOLE DE QUELITE

INGREDIENTES:

Carne de cerdo
Quelite deshojado
Tomate
Cebolla
Agua
Ajo
Sal al gusto

Se pone a cocer la carne con la sal, se licuan la cebolla, el tomate y el ajo y, ya licuado, se vacían al caldo; después se agregan las hojas de quelite cuando ya estén cocidas. Se licua un poquito de masa con un poquito de agua, se pone a colar y se vacía el caldo moviéndolo constantemente para que no se pegue al traste.

Molito de granito de maíz

Ingredientes:

Carne de cerdo
Tomate rojo
Chile
Epazote
Achiote

Se tuesta el maíz, se muele en molino, se vacía en agua caliente y se agarra todo el granito que queda en el fondo de la olla; aparte, se cuece la carne; cuando ya está hirviendo se echa el granito, se muelen los demás ingredientes y se vacían. Se espera a que espese un poco y está listo.

Molito de camarón seco

Ingredientes:

Camarón seco
Chiles
Semilla de calabaza
Rama de epazote
Achiote
Masa
Huevos

Las cabezas de los camarones se muelen con la semilla de calabaza, el achiote y chiles, se pone en agua con un poco de masa para que espese y cuando están hirviendo se vacían los camarones y huevos al gusto.

Tamales

TAMALES DE CHICHARRÓN Y MIEL

INGREDIENTES:

Masa cruda, mosmocho
Miel de piloncillo, nata
Una cucharada de royal
Pasitas, hojas de maíz

Se muele el mosmocho fresco y se revuelve con la masa y la miel hecha a base de piloncillo, si no se siente muy grasoso se le agrega un poco de manteca, además se le añade el royal y las pasitas; todo se revuelve hasta que la masa quede uniforme y aguadona, se hacen los tamales y se envuelven en hojas de maíz; se ponen al vapor. Para envolver los tamales es mejor la hoja de plátano que la de berijao, deben cocerse al vapor, no en pailas por que se "lavan" y pierden su sabor.

TAMAL DE CAPITA O SIETE VUELTAS

INGREDIENTES:

1 kilo de masa
1/2 kilo de frijoles refritos
5 chiles secos (serranos)
hoja de plátano
hoja de aguacatillo
manteca o aceite

Se mezcla la masa con la manteca o aceite y sal; se sofríe el chile con un poco de aceite, posteriormente, se licua la hoja de aguacatillo con los chiles. Cuando se tienen los frijoles refritos se agregan a la salsa de los chiles. Se bate esta mezcla hasta que quede espesa; la carne se cuece y se deshebra. Se extiende la hoja de plátano o de bexo y se coloca la masa sobre la hoja. Se le da forma de una tortilla, luego, se le agrega el guisado y la carne, se efectúa el primer doblez para que el otro lado quede unido a la masa pero no así la hoja, luego, se le da el segundo doblez para que este lado quede unido a la masa pero no así la hoja; en donde la hoja sí va a quedar unida a la masa y el otro extremo se une también a ésta. Después, se le dan unas palmadas para que se extienda a los extremos, se dan doblez tras doblez, hasta que quede totalmente envuelto como un tamal normal. A este tipo de tamal se le denomina aquí, en Acayucan, tamal de capas. Se sabe que este tamal lo trajeron los oaxaqueños, según se comenta, aunque no hay plena certeza porque también es común en los Tuxtlas.

TAMAL DE MOLITO DE CAMARÓN

INGREDIENTES:

Maíz
Manteca
Camarón seco
Masa
Chile
Sal al gusto

Se manda el maíz al molino y se pide que la masa quede desquebrajada; se le pone manteca y sal. Aparte se prepara el molito de camarón, como se menciona antes, pero éste con bastante picante y sin huevos. Para preparar los tamales se pone en una hoja la masa en forma de tortilla, en medio unos camarones, se bañan con el molito y se envuelven ya para cocer.

TAMAL DE PESCADO

Igual que el mole de camarón sólo que en éste se sustituye el camarón por el pescado seco. El pescado se lava bien con limón y se parte en trozos chicos; se recomienda comprar el pescado que sea lisa y que esté salfresco (con pocos días de ser salado).

TAMAL DE CHIPILE

INGREDIENTES:

   1 kilo de masa
   1/4 de kilo de manteca
   1 manojo de chipile
   1 manojo de hoja de berijao
   sal al gusto

Se bate la masa con la manteca, sal y el chipile desmenuzado. Se hacen los tamales y se envuelven en las hojas de berijao. Se cuecen al vapor durante una hora aproximadamente. Se acompaña con salsa de jitomate y chile piquín.

Atoles y bebidas

ATOLES

De piña, guayaba, chagalapoli, ciruela, jobo, tamarindo o calabaza.

INGREDIENTES:

Masa
Azúcar
Agua

Se pone el agua al fuego, cuando empieza a hervir se agrega la masa y el azúcar, aparte se licua la fruta que se haya elegido y se vacía a la masa.

Todas las frutas se licuan crudas, excepto la calabaza.

POZOLE DE SEMILLA DE MAMEY

INGREDIENTES:

Semilla de mamey
Canela
Azúcar
Masa

Se asan y se muelen las semillas de mamey con la canela, se cuela y vacía al agua con la masa para que espese, se endulza al gusto.

AGUA DE NOPAL

INGREDIENTES:

Nopal
Tomate verde
Limón
Azúcar
Hielo y agua

Se licua el nopal crudo con tomate verde, se cuela en un recipiente, se agrega limón, azúcar, agua y hielo.

VINO DE PALMA

Se corta la palma de coyol o marrachao, procurando que la cabeza de la palma caiga en declive; se cortan las hojas de la parte superior hasta llegar al corazón o cogollo y se excava sobre el palmito formando un cuenco, se tapa y se deja que escurra la savia, como si fuera un maguey. Después de algunas horas se extrae el aguamiel y se cuela, pues es frecuente que se introduzcan algunos escarabajos o moyotes conocidos como borrachos. Se toma como bebida refrescante o para acompañar la comida, rara vez con fines de embriaguez, pues su contenido de alcohol es muy bajo. En Chacalapan a esta bebida se le conoce como "taberna".

Dulces

NATILLA

INGREDIENTES:

1 cucharada grande de maicena
   leche
   huevo

Se pone a hervir la leche y se agrega la maicena disuelta en un poco de leche; se licua un poco de leche con el huevo y azúcar, se deja hervir y, para que no se pegue, se mueve con una cuchara; cuando está listo se cuela, para que no queden grumos.

ARROZ CON LECHE

INGREDIENTES:

Arroz
Canela
Azúcar
Leche

Se hierve un poco de agua con el arroz y canela, cuando empieza a dar el primer hervor se vacía la leche y el azúcar y se mueve para que no se pegue.

Postre de frutas naturales

Ingredientes:

Melón
Durazno
Manzana
Nuez picada
Pasitas
Piña
Leche condensada

Preparación:

Todos los ingredientes picados en trozos diminutos se mezclan con la leche.

Informantes:
Román Quiñones (†)
Carlos Guillén Tapia (†)
Alumnos de la Escuela
de Bachilleres Acayucan
Magdalena Pineda Betanzos
Mirna Sánchez Vicente
(originaria de Oaxaca, Oax.)

Recopiladores:
Esperanza Arias
Mirna Aguilera
Alfredo Delgado

Zapotecos del Istmo

Presentes en la región desde la época prehispánica, al menos desde el clásico tardío (900 d.C.), como lo atestiguan numerosos vestigios arqueológicos en los actuales municipios de Acayucan, Playa Vicente y Uxpanapan, los zapotecas del Istmo son hoy la segunda etnia más numerosa del sur de Veracruz, después de los nahuas.

En la época contemporánea hay registros de grupos de familias zapotecas asentadas en Acayucan y Minatitlán, al menos desde 1886 (IG, 2 616). El establecimiento del Ferrocarril Transístmico y de la industria petrolera propiciaron una migración masiva de zapotecos, sobre todo a partir de la década de los setenta. Hoy están presentes formando colonias y núcleos de población en todas las ciudades del sur de Veracruz.

Los zapotecas se caracterizan por la defensa de su cultura: conservan viva su lengua materna, las mujeres siguen usando su vestido tradicional, sobre todo en las fiestas patronales (que, por otra parte, son muy numerosas), mantienen su comida tradicional y tienen un amplio sentido de solidaridad entre paisanos. Actualmente suman casi un centenar de mayordomías istmeñas celebradas anualmente en las principales ciudades del sur de Veracruz, pero casi la mitad se concentran en Minatitlán.

Guisos

Tamales de masa

INGREDIENTES:

2 pechugas de pollo grande
200 gramos de carne de cerdo en trozos
1 cebolla pequeña partida en dos
1 diente de ajo pelado
1/2 kilo de mole negro
200 gramos de manteca de cerdo
1 kilo de masa blanca para tortillas.
1/2 taza de agua con dos cucharaditas de tequesquite
8 hojas grandes de plátanos
sal al gusto

Se pone a cocer el pollo con la carne de cerdo, la cebolla, el ajo y sal hasta que las carnes estén suaves. Se escurre, deshebra y mezcla con el mole negro. La manteca se bate hasta que esté bien esponjosa, se añade la masa, el agua de tequesquite y sal al gusto. Se sigue batiendo hasta que, al poner un poco de masa en un vaso de agua, flote. Las hojas de plátano se pasan directamente por el fuego para ablandarlas, luego se cortan en cuadros de aproximadamente ocho centímetros por lado. Se untan con una capa muy delgada de masa y, en el centro, se les pone el mole. Se doblan las orillas puesta hacia el centro y después se hace lo mismo con las otras dos orillas, se forman así unos rectángulos y se amarran con una tirita de la misma hoja. Se colocan en una tamalera o una vaporera con una rejilla arriba y agua abajo; sobre ésta se colocan los tamales dejando un poco de espacio entre uno y otro para que se cuezan bien, aproximadamente una hora, cuidando que no les falte agua. Rinde para 12 personas.

Sopa de guías con chochoyotes

Ingredientes:

5 elotes tiernos
1 cebolla mediana picada
1 diente de ajo picado
1 cucharadita de aceite de maíz
8 guías de calabaza tierna cortada en trocitos
20 flores de calabaza limpias y picadas
6 calabacitas tiernas rebanadas en cuarterones
4 cucharadas de hojita de chipil
  sal al gusto

Se rebanan tres elotes en ruedas y los otros dos se parten a la mitad y se cuecen en aproximadamente tres litros de agua y sal al gusto. En el aceite se acitronan la cebolla y el ajo y se añade el agua donde se cocieron los elotes, las guías de calabaza, las flores y las calabacitas con un poco de caldo anterior, se cuela y añade a la sopa para que espese. Se hacen los chochoyotes y se añaden poco a poco a la sopa; se dejan cocer a fuego lento. Rinde para ocho personas:

Para los chochoyotes

Ingredientes:

$^1/_4$ de kilo de masa fina para tortillas
2 cucharadas de manteca de cerdo
  sal al gusto

La masa se revuelve con la manteca y la sal; se van haciendo bolitas y con el dedo se les hace un hoyito en el centro. Para acompañar: salsa de gusanitos y limones partidos.

CALDO DE NOPALES

INGREDIENTES:

- ¹/₂ kilo de jitomate
- 2 dientes de ajo chicos
- ¹/₂ cebolla
- 1 cucharada de aceite de maíz
- ¹/₄ de kilo de nopales cortados, cocidos y bien lavados
- 200 gramos de chícharos medio cocidos
- 1 rama de epazote
- 3 huevos
- ¹/₂ kilo de camarón seco, limpio y descabezado
- sal al gusto

Se muele el jitomate con el ajo y la cebolla, se cuela y se pone a freír en el aceite hasta que esté bien sazonado; se añaden los nopales, los chícharos, un litro y medio de agua, la sal al gusto y se deja hervir a fuego lento durante 15 minutos. Los huevos se baten muy bien y añaden a la sopa; unos minutos antes de servirla se agregan los camarones, nada más para que se calienten; servir inmediatamente. Rinde para seis personas.

CANASTITA DE CHAPULINES

INGREDIENTES:

- 1 tortilla grande
- ³/₄ de taza de chapulines
- 4 cucharadas de aceite de oliva
- 1 cucharada de ajo y cebolla finamente picados
- 2 tomates verdes grandes
- 4 o 5 hojas de epazote
- jugo de medio limón
- aceite de freír, sal y pimienta al gusto

En el aceite de oliva se acitronan la cebolla y el ajo, se añaden los chapulines, se fríen por unos segundos, se añade el jugo de limón, sal y pimienta al gusto.

Para la salsa se pican los tomates y se ponen a cocer con un poquito de agua, sal y las hojas de epazote, se licua todo muy bien.

La tortilla se pone entre dos cucharones y se fríe para que tome forma de canastita, se rellena con los chapulines guisados y se coloca en un plato sobre la salsa. Ración para una persona.

TLAYUDAS CON ASIENTO

INGREDIENTES:

    4 tlayudas
  150 gramos de asientos de manteca
  200 gramos de queso fresco desmoronado
       sal al gusto

Se untan las tlayudas con los asientos, se le añade sal al gusto y espolvorean con el queso desmoronado; se colocan sobre el comal para que se tuesten un poquito. Rinde para ocho personas.

MOLE COLORADO PARA ENCHILADAS

INGREDIENTES:

Chile ancho
Chile guajillo
Ajo
Cebolla
Tomate
Orégano
Yerbas de olor
Azúcar
Sal al gusto

Se remoja el chile ancho y el guajillo y se fríen en manteca con el ajo y la cebolla, se agregan las yerbas de olor y el caldo de res y se sazona con azúcar y sal. Con este molito se preparan enchiladas.

Tamales oaxaqueños

INGREDIENTES:

Mole colorado (véase receta anterior)
Masa
Manteca
Hoja de plátano
Carne de pollo deshebrada

Se muele el maíz para la masa, ésta se utiliza cruda y se le agrega manteca; cuando está bien consistente se hace una tortilla sobre la hoja de plátano, encima se le pone el mole y la carne de pollo y se envuelven los tamales.

Totopos

INGREDIENTE:

Maíz

Se cuece y muele el maíz, una vez lista la masa, se hace una tortilla grande, haciendo con los dedos pequeños huecos con el fin de que la tortilla no se infle al cocerse; las tortillas se van pegando a las paredes de la olla bien caliente para que se cuezan.

En esta maniobra las mujeres van desarrollando la habilidad de sacar rápidamente los totopos cuando se calcula que están listos, de lo contrario pueden quemarse.

Tortitas de cabeza de camarón en salsa

INGREDIENTES:

Cabezas de camarón seco
Huevo
Aceite
Chile
Tomate
Ajo
Sal al gusto

Los ingredientes se ponen a hervir, después se muelen en el molcajete y se añade sal. Se muelen en el metate las cabezas del camarón seco —tan común en la cocina oaxaqueña—, una vez que se molieron bien, se mezclan con huevo (con clara y yema) y se fríen en aceite; se acompañan con salsa.

Champurrado

INGREDIENTES:

Masa
Chocolate
Cacao
Azúcar
Canela

Se cuece el maíz y se muele en el molino, en un recipiente se hierve agua, allí se pone la masa y se va batiendo con el molinillo, enseguida se le añade chocolate, azúcar y canela.

El chocolate para el champurrado es casero, para ello se tuesta el cacao y se muele en el metate junto con azúcar y la canela hasta que quede un polvillo fino.

DULCE DE LIMÓN

INGREDIENTES:

Limón verde, coco rallado
Azúcar, ceniza

Se escogen limones verdes de regular tamaño, se les quita únicamente la tapa y se extrae la pulpa; el cascarón del limón se pone a hervir suficientemente en agua con ceniza; en otro utensilio, se hierve el coco rallado con azúcar.

Una vez hervidos los limones se tira el agua y, nuevamente, se ponen al fuego algunos minutos con un poco de agua y azúcar. Cuando se enfrían los limones, se rellena cada uno con el coco rallado.

CIRUELAS CURTIDAS

INGREDIENTES:

Ciruelas, alcohol

Las ciruelas se pican con un tenedor o palillo y se colocan en un frasco o recipiente con tapa que contenga mitad de agua y mitad de alcohol; hay que sellarlas bien y dejarlas en un lugar donde no les llegue la luz del día. Después de cuatro meses como mínimo se abren y se les vacía el líquido; se hierve más agua con azúcar y se les agrega, nuevamente se tapa y se deja así un promedio de 15 días.

Informantes:
Elia Santiago
Magdalena Pineda Betanzos
Mirna Sánchez Vicente

Recopiladoras:
Mirna Aguilera
Esperanza Arias

174

REGION DE LOS TUXTLAS

Nahuas y mestizos de los Tuxtlas

Dentro de la costa del Golfo, los Tuxtlas destaca por ser el único macizo montañoso aislado de la Sierra Madre Oriental y del Eje Volcánico, y el más próximo al mar. Esta prominencia, formada por los volcanes San Martín Tuxtla, Santa Martha y San Martín Pajapan, destaca claramente entre los extensos llanos salpicados de pantanos del Istmo veracruzano. Esta característica se refleja en los mitos de nahuas, popolucas, mazatecos y chinantecos que ubican en los Tuxtlas hechos cosmogónicos desde un tiempo inmemorial y consideran que en sus entrañas se encuentra el Taalogan o Tlalocan, uno de los paraísos mesoamericanos regido por Tlaloc, el dios de la lluvia.

Los Tuxtlas actualmente se encuentra conformado por los municipios de Santiago Tuxtla, San Andrés Tuxtla, Catemaco y Angel R. Cabada. Al momento de la conquista era un señorío tributario de los mexicas con una población de origen nahua. Una vez pacificada la región, Hernán Cortés se reservó para sí los tributos de los pueblos tuxtlecos, que después pasaron a formar parte del Marquesado del Valle.

Una descripción de 1777 nos da una visión casi paradisiaca de la región:

> En esta inmediación y a las orillas del río Grande, está todo poblado a distancia de rancherías y milperías, que desde fructifican las tierras maíz, algodón, frijol, todo género de aves y animales y todas frutas americanas producen estos países como son plátanos, piñas, zapotes mameís, chicozapote, zapote negro, zapotes amarillos que llaman de Santo Domingo, naranjas dulces con abundancia, agrias y limones, anonas, chirimoyas, uva silvestre que llaman en lengua sosogo, piñones que se crían en árboles muy frondosos, con que hacen pipián guisado del reino y se asimilan al gusto más al piñón de España que al cacahuate, aunque más bien parece éste en el grandor que el otro.

Cójese también alguna vainilla y muchos árboles de achiote, género aquí poco estimable, mucha guayaba silvestre, jicaco y jícamas crecidísimas. Los ríos son abundantísimos de robalo y mojarras, algún camarón grande en tiempo de avenidas y algunas anguilas, y pocas truchas, sin otros pescaditos como juiles. Las lagunas son también abundantísimas de pesca, el temperamento bastantemente benigno y las aguas riquísimas, con mucha abundancia, y a cual mejor y más tira este temple a templado que a caliente. Críanse en los montes muchos cedros, caobanos, algunos y anchos palos elevadísimos que dan a (ilegible) de Marías. Hay mucha zarzaparrilla, una especie de hoja como el sent purgante, hay también cebadilla y otras infinitas gomas y raíces medicinales que se hayan en los montes como es el camotillo, alias contrayerba, asimilada a los amargos de Inglaterra. Hay algunos ojos de agua salada que a fuerza de fuego condensan de aquel agua sal los indios, que sirve para su uso, aunque de éstos hay pocos.

Desde dicho San Andrés, al pie de la Sierra de San Martín, hay cuatro leguas de monte virgen, tierra llana la más de ella y fructífera, que no se cultiva por estar retirada cuatro leguas del río Grande.

Toda la banda de la laguna (de Catemaco)... está llena de milpería de algodón, maíz y frijol de varios individuos. Sobre el mismo borde de dicha laguna y al norte, hacia la Barra de Sontecomapan, hay un monte dilatadísimo y llano, donde se crían muchísimos cedros que es preciso atravesar en canoas la laguna para conducir las maderas.

Esta laguna de agua dulce que entra en la barra de Sontecomapan la enriquecen con agua dulce muchos arroyos. En dicha Barra de Sontecomapan se coge todo género de pescado abundantísimamente, como el robalo, sargo, lisa, mojarras, palometas, cazón, tortuga, manatí y otra infinita variedad de pez... (AGN, ramo Hospital de Jesús).

Esta riqueza ecológica es evidente en la gastronomía tradicional tuxtleca, de la cual aquí sólo damos una muestra. Varios elementos son distintivos de los Tuxtlas, como los topotes, el chinini, los totopostes, el tapite, el sagú, los mimilos, el tomachile y el vino conocido como chochogo.

Al igual que la gastronomía, la cultura popular de los Tuxtlas toma expresiones muy particulares como sus mojigangas, su estilo particular de son jarocho, sus globos de cantoya, sus danzas de Líceres, de Negros y la casi desaparecida de la Indita, su santuario a la Virgen del Carmen y sus seres sobrenaturales que vagan por las noches como los líceres, la yobaltaba, la llorona y los chaneques.

Todo ello se manifiesta con vigor en las celebraciones tradicionales en honor a la Virgen del Carmen, patrona de Catemaco, el 16 de julio; Santiago Caballero, patrono de Santiago Tuxtla, el 25 de julio; y San Andrés, el 30 de noviembre, en San Andrés Tuxtla.

Guisos

Frijoles con chonegui o papaloquelite

Ingredientes:

- $^1/_2$ kilo de frijol negro
- $^1/_4$ de kilo de chonegui o papaloquelite
- 2 cucharadas de manteca de cerdo
  sal al gusto

Una vez fritos los frijoles, se agregan las hojas de chonegui o papaloquelite, que antes se lavaron y cortaron en trozos medianos, dejándolos hervir por 15 minutos. También es común que los frijoles negros hervidos con epazote se acompañen con chonegue o papaloquelite hervido y con una salsa hecha de tomachile hervido con chile jalapeño o chiltepin.

Frijol con chocholo

Frijoles de la olla hervidos con epazote, se les agregan bolitas de masa y manteca de puerco, a las cuales se les hace una ligera depresión con el dedo.

Frijoles con elote

Ingredientes:

> ¹/₂ kilo de frijol
> 5 elotes tiernos
> 2 ramas de epazote
> sal al gusto

Al frijol, ya cocido, se le agregan los elotes tiernos y las ramas de epazote. Los granos del elote se incorporan cuando el preparado está en ebullición.

Frijoles con ochole

Los frijoles de la olla se acompañan con el chicharrón de cerdo hecho del lomo. El cuero se saca con todo y carne, se corta en trozos, los cuales se rayan con el cuchillo y se fríen con el resto de los chicharrones.

Frijol con cangrejo rojo

Ingredientes:

> Frijoles negros
> Epazote
> Cangrejo rojo
> Sal al gusto

El frijol se pone a hervir con agua, se agrega el epazote. Aparte se ponen a cocer los cangrejos. Poco antes de que se cuezan bien, los cangrejos se echan en la olla de frijoles para que ambos terminen de cocerse juntos. El cangrejo rojo hembra se echa con todo y caparazón, en tanto que los cangrejos machos se abren y limpian antes de cocerse.

179

Cangrejo en comino

INGREDIENTES:

Cangrejo azul
Masa
Achiote
Comino

El cangrejo azul, propio de los manglares costeros, se cuece, se le quita la caparazón y se limpia. Aparte, se hace un caldo con achiote y comino, el cual se espesa con masa. Puede utilizarse el caldo en que hirvió el cangrejo. A este caldo espesado con achiote y masa se agrega el cangrejo cocido.

Tizmiche en estofado

INGREDIENTES:

Tismiche
Hueva de camarón
Hueva de cangrejo
Hueva de pescado
Jitomate
Aceitunas
Alcaparras

Se cuecen, se les pone jitomate, alcaparras y aceitunas, se preparan como bacalao.

Chocho asado

INGREDIENTES:

Chocho
Tomachile
Cilantro
Chile jalapeño o piquín
Sal al gusto

Se asa el chocho directamente al fuego con todo y corteza; una vez asado se limpia y sirve con una salsa hecha con tomachile hervido junto con el chile. Con el agua en que se hirvió el tomachile se hace la salsa en molcajete, a la que se agrega cilantro.

Huevo con caracol de río

INGREDIENTES:

Caracoles
Huevos
Hoja de acuyo

Se hierve el caracol de río con todo y concha (es un caracolillo puntiagudo, propio de la región) agregándole hoja de acuyo. El resultado es un caldo que suele consumirse así. Si se prefiere, se sacan los caracoles de su concha y se agregan al huevo mientras se fríe.

TAPITE

INGREDIENTES:

Topotes (amarillos o blancos)
Hoja de berijao o plátano
Chile
Epazote
Tomachiles

Los topotes son una especie de charales de la laguna de Catemaco. Para el tapite se prefieren los de color amarillo. Se ponen crudos, enteros y sin destripar, sobre la hoja de berijao formando un tamal, se le agrega epazote al gusto y bañan con una salsa hecha de tomachile crudo y chile piquín o el que se prefiera y se envuelven. Se ponen directamente a la leña, dándoles vuelta para que se cuezan uniformemente.

CARNE DE CHANGO

INGREDIENTES

Carne de chango
Hoja de guayaba
Achiote
Jugo de naranja
Manteca

La carne de chango se sustituyó por la carne de puerco en cecina. Se sirve con frijoles negros refritos, colados y aguados, y con picaditas hechas con manteca de puerco.

PICADILLO CALDOSO CON CHAYOTE

INGREDIENTES:

 Carne de res
 Jitomate
 Chayote
 Perejil
 Achiote

La carne de res se corta en trozos pequeños, se agrega agua con el perejil y el achiote y se cuecen juntos; aparte, se sofríe el jitomate licuado y se le vierte.

MACHUCO

INGREDIENTES:

 Plátano macho
 Aceite
 Sal al gusto

El plátano macho verde se corta en postas o "tostones", se machuca y se mete en agua de sal, luego se fríe.

PAPAYAN

INGREDIENTES:

 Masa de maíz
 Manteca de res
 Sal al gusto

Se hacen las tortillas gruesas con manteca de res salada. Acompañan las comidas tradicionales.

Mimilos

Ingredientes:

15 elotes tiernos
125 gramos de manteca
1/4 de litro de leche
      azúcar
      canela

Se rayan los elotes, se muelen y se les incorpora sal al gusto, la leche y la manteca, también se puede agregar canela cortada en pequeñas rajas y azúcar si se desean dulces. Todo se bate perfectamente y se reparte en raciones sobre las hojas de los elotes. Los tamales pueden ponerse en una vaporera o en cualquier recipiente con agua, donde se dejan hervir por espacio de media hora a fuego intenso; los mimilos suelen comerse también dorados con azúcar sobre el comal.

Tamal de capita

Ingredientes:

1/2 kilo de masa
1/4 de kilo de frijoles secos
  4 ramas de epazote
15 hojas de bexo
  2 cucharadas de manteca
      sal al gusto

Se mezcla masa, manteca y sal para formar una bola que se azota hasta aflojarse, se agrega epazote y, si es necesario, un poco de agua para facilitar el manejo. Con todo esto se hacen tortillas gruesas sobre una hoja de plátano y se les acomoda una capa de frijoles secos; la tortilla se corta en tercios que se sobreponen a la manera de pastel. Cada porción es envuelta con hojas de bexo para cocerla por quince minutos.

TAMAL DE CAZUELA

INGREDIENTES:

- ¹/₄ kilo de masa
- 100 gramos de manteca
- ¹/₂ kilo de carne de pollo
- 3 chiles anchos
-    pescado o cerdo
-    epazote
-    sal al gusto

Se disuelve la masa con agua hasta que quede un atole espeso; se cuece y se le agrega la manteca, la sal y el epazote. Aparte, se cuece la carne, el chile ancho se remoja, se muele y se refríe en una cazuela. Con la misma agua de la carne se licua el chile ancho sazonándolo con sal y epazote (una rama). Se acostumbra servir la masa en el plato y, en el centro, la carne con chile ancho. En Santiago Tuxtla se sirve la cabeza completa del cerdo, por lo que también se le llama tamal de cabeza.

TAMALES DE COCO

INGREDIENTES:

- 1¹/₂ kilos de harina de maíz
- 625 gramos de manteca
- 1 kilo de azúcar
- 2 cocos medianos rallados
- 2 cucharadas de royal

Se acrema la manteca, se le agrega la harina de maíz y el royal; se sigue batiendo hasta que, al echar un poquito en agua, flote; entonces se añade el azúcar y se bate otro rato, después se agrega el coco rayado. Entonces se hacen los tamales en hoja de maíz previamente lavadas, poniendo una cucharada sopera se envuelven y se cuecen a vapor.

Tamales de frijol

Ingredientes:

1 kilo de frijol mulato
1¹/₂ kilos de masa
¹/₄ de kilo de manteca de cerdo
1 cucharada de mosmocho
epazote fresco, sal al gusto

La masa se azota con la sal, la manteca, el mosmocho y las hojas de epazote, se agrega el frijol mulato entero, que es una variedad regional. Cuando la masa comienza a esponjarse, se envuelve en las hojas de bexo y se hierve en agua con sal el tiempo necesario; también suelen comerse dorados al comal.

Tamales morados

Ingredientes:

1 kilo de maíz morado
1 puño de cal
200 gramos de manteca
¹/₄ de litro de leche
¹/₂ kilo de piloncillo
1 cucharada de anís
20 hojas de berijao
coco rayado, sal al gusto

Se hierve la cal en el agua, ya estando ésta en ebullición, se incorpora el maíz morado. Después de estar hirviendo un tiempo prudente, se deja enfriar, se muele y agrega la manteca, el coco, la leche y el piloncillo diluido con el anís hasta el punto de miel. Se azota todo junto hasta que "hace ojo"; si la masa no queda floja, se añade leche, un poco de sal y dos cucharadas de royal; dejarlo reposar de un día para otro; repartirlo en raciones que se envuelven en hojas de berijao y dejarlo hervir por media hora.

CHANCHAN

Tamales chicos de hoja de maíz y carne de pollo y mole. Se amarran por ambos extremos, quedando de forma redondeada.

POSTRE DE ZAPOTE MAMEY

INGREDIENTES:

- $1/2$ litro de leche
- 2 zapotes grandes o tres medianos
- $1/2$ kilo de azúcar
- 100 gramos de almendras
- 2 yemas

Se apartan cinco almendras para adornar. La leche se pone a hervir con el azúcar, cuando toma punto de cajeta (espeso) se agrega el zapote molido con los 100 gramos de almendras y las dos yemas, dejar hervir hasta que se vea el fondo del cazo. Al enfriar un poco se vacía a un platón bajo y se espolvorea con canela molida, adornar con las almendras tostadas y cordoncitos de azúcar *glass* pintada de verde.

BUÑUELOS

INGREDIENTES:

  1 kilo de harina
24 huevos
     royal
     anís

Se mezcla el anís y el harina; se pone al fuego lento hasta que se cueza y se deja enfriar, se mezcla el huevo y se bate hasta que esté listo para freír.

ENSALADA DE JÍCAMA

INGREDIENTES:

     1 jícama
4 o 6 hojas de lechuga orejona en tiritas
     1 cebolla cortada en tiritas o cuadritos
  $1^1/_2$ aguacates
  $1^1/_4$ litros de crema
     sal al gusto

La jícama se corta en cuadritos y se le pone la cebolla y la lechuga por separado. Se bate el aguacate con la crema a que quede un verde terso, se le incorpora a lo demás ingredientes y se le pone sal al gusto.

Buñuelos de viento

Ingredientes:

1/4 de kilo de harina
anís
sal al gusto

Se amasa un cuarto de kilo de harina con agua, anís y sal dejando la masa un poco aguada, se calienta en una sartén y allí se maja la harina como si fuera una tortilla, se voltea, no dejando que se fría y cuando se comprende que está cocida, se pone a enfriar; se le va incorporando un huevo y, después, las yemas, amasándolo todo; se hacen bolitas, que se fríen en manteca no muy caliente y, bien doradas, se sirven con miel de caña o azúcar.

Dulce de coyol

Ingredientes:

Coyoles pelados, panela

Se quiebran los coyoles y se les saca el coquito. limpiarlos y molerlos. Se hierven con panela hasta que espesen. Se les da la forma deseada.

Atole de sagú

Se vierte en un recipiente leche y agua en cantidades iguales, se agrega azúcar y canela; calentar y, cuando empieza a hervir, añadir el polvo preparado de sagú; dejar hervir un rato, colar la mezcla y poner nuevamente al fuego, moviendo bien hasta que toma consistencia.

El sagú es el tubérculo de una planta llamada agachilo (*Marantha arundinacea*).

SANTIAGO EN LLAMAS

INGREDIENTES:

Esencia de chochogo
Agua simple o mineral
Azúcar
Aguardiente o ron

Al concentrado o esencia de chochogo o agraz se le agrega agua simple o agua mineral, azúcar y aguardiente o ron al gusto. Con este concentrado también se hace agua de chochogo, uvilla silvestre propia de las selvas tropicales.

Informantes:
Petra Arias Maldonado (†)
Artemisa Antele
Fernando Bustamante Rábago

Recopiladores:
Esperanza Arias
Armando Chacha
Alfredo Delgado

Cuenca del Coatzacoalcos

Hace miles de años, rodeado de una variada flora y fauna, el pueblo olmeca logró adaptarse y aprovechar al máximo el medio ambiente, alcanzando grandes e increíbles avances en su organización política, social y económica, y dominando con maestría las ciencias y las artes.

A estos hombres que habitaron el pantano se les conoce como olmecas: "los del país del hule", y han sido considerados como la cultura madre de Mesoamérica. Una de la áreas donde se asentaron es, precisamente, la cuenca del Coatzacoalcos, concretamente en municipios como Texistepec e Hidalgotitlán, donde se localizan los sitios arqueológicos de San Lorenzo Tenochtitlan, El Macayal y El Manatí.

La tradición oral del siglo XIX ubicaba en esta área a un grupo étnico llamado teschintecas (Ortiz de Ayala, 1966), que García de León traduce como "los que labran la piedra", acaso una reminiscencia de los antiguos olmecas que tallaron las cabezas colosales.

La cuenca del Coatzacoalcos fue habitada al inicio de la Colonia, fundándose el Corregimiento de Aguataco en la de Tacamichapan, frente a Hidalgotitlán, aunque desapareció a fines del siglo XVI. Posteriormente, los ataques piratas arrasaron numerosos pueblos asentados en la ribera del río, como Monzapa y Ocelotepec, otros más tuvieron que cambiar de residencia, como Chinameca y Oteapa, quedando despoblada la región hasta principios del siglo XIX.

Hoy en día la escasez de vías de comunicación en buen estado y el embate de constantes temporales mantienen relativamente aislados a los pobladores de la cuenca del Coatzacoalcos. Esa condición marginal contrasta vivamente con la cercanía de los complejos petroquímicos de Minatitlán, Cangrejera, Morelos y Pajaritos. Ese aislamiento, no obstante, favoreció que de algún modo, el hombre depredador y la industria petrolera, no acabaran con la escasa flora y fauna endémicas de esa región.

Conforme avanza la construcción de carreteras y caminos la cuenca del Coatzacoalcos se va desdibujando, perdiendo su carácter único que la hace depender de las crecientes del río. Esta cuenca está conformada por el municipio de Hidalgotitlán y parte de los municipios de Minatitlán, Jáltipan, Texistepec, Sayula de Alemán y Jesús Carranza.

Nahuas y mestizos de Hidalgotitlán

El pueblo de Hidalgotitlán fue fundado alrededor de 1829 como parte de un proyecto para repoblar la cuenca del río Coatzacoalcos implementado por el gobierno federal a través de don Tadeo Ortíz de Ayala. Se dieron tierras y facilidades para que indígenas nahuas de Jáltipan, Moloacán e Ixhuatlán fundaran pueblos como Abasolopolis, Hidalgopolis, Minápolis, y Barraganopolis; posteriormente se les cambió la terminación *polis* por el topónimo nahua *titlan*.

Casi todos los nuevos pueblos desaparecieron, pero Hidalgotitlán perduró y sirvió de avanzada para colonizar, a principios de siglo, los extensos pantanos y esteros comprendidos entre el Coatzacoalcos y el Coachapa, por parte de nahuas migrantes de Coacotla, Cosoleacaque y Jáltipan. Así surgieron pueblos como El Macayal, La Majahua y El Manatí. Otros, como San Carlos y Coapiloloya, fueron originalmente haciendas y plantaciones porfiristas.

Actualmente Hidalgotitlán es la cabecera del municipio del mismo nombre y su principal vía de acceso es el río Coatzacoalcos. Su santo patrono es San Miguel, a quien se celebra el 8 de mayo y el 29 de septiembre, aunque la fiesta mayor es la primera.

Los trabajos arqueológicos en el manantial situado al pie del cerro Manatí, un viejo domo salino, permitieron rescatar una gran ofrenda que muestra de manera inédita la religiosidad popular olmeca. Abundan las hachas de jade y serpentina, los bustos labrados en madera, las pelotas de hule y material orgánico nunca antes preservado, todo ello con una antigüedad de treinta siglos.

Entorno ecológico

En Hidalgotitlán desde siempre sus moradores han obtenido distintas especies de agua dulce. En esta época, sin embargo, el panorama ha cambiado visiblemente. Muchas lagunas, pantanos y esteros se están secando en aras de favorecer la ganadería y los manchones de selvas y acahuales se están derribando. Según narran los habitantes, treinta años atrás se capturaba tortuga blanca, diversos peces, lagarto, mojarra, pejelagarto, camarón blanco, jolote y muchas más especies, además de la caza de venado, jabalí, marín, serete, iguana y armadillo, que aún no se extinguen pero que son notoriamente escasos.

Guisos

GUABINA EN CALDO CORRIENTE

INGREDIENTES:

    1   guabina mediana
    2   tomates
    2   dientes de ajo
    1/2 cebolla
    2   cucharadas de aceite comestible
        sal al gusto

Le llaman caldo corriente al que no lleva más ingredientes que tomate, ajo y cebolla. Para hacer un caldo de guabina, ésta se corta en piezas, por separado se hierve agua y se licúan los jitomates junto con los ajos y la cebolla. Se refríen en aceite y se vierten en el agua cuando ya hierve junto con el pescado.

TORTUGA CHOPONTILE EN PIPIÁN

INGREDIENTES:

    1   tortuga
    1   puño de masa
    4   tomates
    1   pedazo de cebolla
        semilla de calabaza
        aceite comestible
        sal al gusto

Para el pipián se tuesta la semilla seca de calabaza; se licua con agua y masa y se cuela; en una sartén se fríe cebolla y jitomate previamente molidos; todo se revuelve. La tortuga se aliña y se pone a hervir en agua, una vez que está suave la carne se agregan todos los condimentos y sal al gusto.

Mojarra o juile salado

INGREDIENTES:

Mojarras o juiles
Sal al gusto

Cuando se quiere que el pescado dure bastante tiempo en buen estado, se desescama la mojarra o el juile, se le sacan las vísceras y se abre, se le pone suficiente sal y se coloca colgando de una pita a una distancia considerable por arriba del fogón, dejándolo allí dos días. Ya que se secó puede mantenerse en buen estado hasta dos meses, guardado en cajas. Se come de a poco recalentándolo y se acompaña con tortillas o con arroz.

Tamal de pejelagarto

INGREDIENTES:

Un pejelagarto
Aceite
Achiote
Hoja de berijao
Ajo
Sal al gusto

Se lava muy bien el peje extrayéndole todas las vísceras, se abre y extiende sobre una hoja de berijao bien lavada, enseguida, se añade sal, un chorrito de aceite de guisar, achiote y ajo molido. Se envuelve como un tamal con la hoja de berijao y se pone a cocer a vapor en una olla o cazuela.

EMPANADAS DE PEJELAGARTO

INGREDIENTES:

1 pejelagarto
$^1/_2$ kilo de masa
sal al gusto

El pejelagarto se prepara bien, se le pone sal y se asa en el fogón, una vez cocido se desmenuza finamente; aparte, se prepara la masa para tortillas, se hacen éstas y enmedio se le pone el peje formando la empanada, enseguida se fríe acompañándose con una salsa de coachile.

DIETA O CALDO DE CAMARONES

INGREDIENTES:

2 ajos
$^1/_2$ cebolla
3 tomates
$^1/_2$ kilo de camarones
1 litro de agua
1 cucharadita de aceite
sal al gusto

Se ponen a cocer los camarones, mientras tanto se pican los jitomates, la cebolla y los ajos, se fríen en una sartén y se le agregan al caldo cuando ya hierve, se sala al gusto.

Bobo en moste

INGREDIENTES:

    1 bobo
3 o 4 hojas de moste
    1 bola pequeña de masa
       sal al gusto

El bobo se cocina en moste o molito verde con masa. Para su preparación se limpia y lava bien; se parte en trozos y en una olla se pone a hervir un poco de agua para el caldo; se muele la masa con las hojas de moste y un poquito de agua, se cuela y se le vacía al caldo; en ese momento, se ponen las piezas del pescado; se deja hervir hasta que el pescado está cocido cuidando el hervor para evitar que se despedace. Se le pone sal al gusto.

El bobo desova en el mar procedente de la sierra hacia los meses de octubre y noviembre. Este pescado es de considerable tamaño, pesa en promedio dos kilos.

Bobo en estofado

INGREDIENTES:

    2 chiles anchos
    4 jitomates
$^1/_2$ cebolla
    1 chorrito de aceite
       especias al gusto

Se pica finamente el jitomate y la cebolla; en un pocillo se pone a hervir el chile ancho desvenado y, enseguida, se licua. En una cazuela o sartén con aceite caliente se vierte el chile ancho, de inmediato se coloca el bobo crudo y partido en pedazos, se agrega el jitomate, la cebolla, las especies y se rocia con un chorrito de aceite; después se añaden las especias al gusto, la sal y se tapa. Se cuece a fuego lento.

TIZMICHE CON HUEVO

INGREDIENTES:

4 huevos
1 puño de tizmiches
  sal al gusto

El tizmiche, desde que se captura, se fríe en aceite con sal, así puede conservarse buen tiempo. Si se quiere comer con huevo se toman cuatro de ellos crudos y se revuelven con los tizmiches batiéndolos con una cuchara, se añade sal y se fríe en aceite.

El tizmiche es la cría o "alevín" del bobo, los pescadores lo capturan en matayahual hacia los meses de mayo y junio.

MOJARRA EN ACUYO

INGREDIENTES:

5 hojas de acuyo
5 mojarras de tamaño regular
3 tomates
1 cebolla
5 dientes de ajo
  sal al gusto

Se lava bien cada hoja de acuyo, se extienden y a cada una se le pone encima una mojarra con un trozo de tomate, uno de cebolla, un diente de ajo y sal. Se forman cinco tamales, se acomodan en una cazuela con poca agua y se ponen a la lumbre.

Mojarra asada

Ingredientes:

- 3 o 4 mójarras
- 2 tomates
- 2 dientes de ajo
- 1 rama de epazote
- 1 litro de agua
- sal al gusto

Primero se asan las mojarras y luego se hacen en caldo, para preparar éste se hierve el agua y se le ponen los dos tomates partidos en trozos, los dientes de ajo y el epazote; una vez que el agua hierve se agregan las mojarras.

Bebidas

ATOLE DE MASA

INGREDIENTES:

3 rajas de canela
1 litro de leche
azúcar al gusto

Se muele la masa y se bate con una taza de agua, se cuela y se cuece en una olla, se agrega la leche, el azúcar y las tres rajitas de
canela, se deja hervir.

CAFÉ DE MAÍZ

INGREDIENTES:

Maíz en grano
Canela o patelolote (pimienta gorda)

Se tuesta el grano en el comal hasta que queda negro, después se
muele en el molino de mano con canela o patelolote previamente
molida; queda entonces listo para hervir en agua y agregarle dos
o tres cucharadas de café de maíz, se endulza al gusto.

PINOLE

INGREDIENTES:

Maíz tostado
Cacao
Canela
Azúcar
Agua

Se tuesta el maíz con el cacao y la canela hasta que quede medio dorado, se pasa por el molino, quedando una pasta fina que se revuelve con agua; se agrega azúcar al gusto. Esta bebida es muy común como agua de tiempo.

CAFÉ

INGREDIENTES:

Café
Azúcar

Es muy común en estos pueblos como bebida para el día y la noche, se toma frío en los meses de calor y caliente en los meses fríos. Las matas de café se siembran en los traspatios y se cortan en diciembre; se maja (desgrana) y tuesta el grano, después se muele y está listo para preparar.

Informantes:
Andrea Torres Alejandro
Florentina Pérez
Edith Colmenares López

Recopiladora:
Esperanza Arias Rodríguez

Nahuas de Cosoleacaque

Los nahuas de Cosoleacaque llegaron a su actual asentamiento alrededor del año 1700, procedentes del área de La Venta, Tabasco, huyendo de los constantes ataques piratas a las poblaciones costeñas y ribereñas. Cosoleacaque participó destacadamente en la batalla de Totoapan, librada el siglo pasado entre los liberales leales a Juárez y las tropas invasoras francesas.

Aunque rodeado de grandes complejos industriales, Cosoleacaque aún conserva parte de su cultura tradicional: lengua materna, traje tradicional, artesanías y música de jarana. En su mayoría, los pueblos del municipio fundados a la vera del río derivaron de Cosoleacaque y comparten la dinámica de la cuenca del Coatzacoalcos y del Corredor Industrial.

La gastronomía de este municipio aún se prepara en las mayordomías, lo que ya no existe es el venado, los jabalíes y las tortugas blancas debido a la depredación de los nichos ecológicos y a la caza indiscriminada. Todavía en los años cuarenta en las mayordomías se consumía carne de venado y tortugas blancas.

Se acostumbraba comer la carne de venado en fiestas que no eran de "precepto". Con el paso del tiempo su carne fue sustituida por la de toro y la de jabalí por la de cerdo. Estos animales ya se extinguieron. Por días de precepto se conocen los de cuaresma, en que no se puede comer carne de los animales que maman o nacen del vientre materno, sino sólo los que nacen del huevo, como la tortuga y las diferentes especies de peces y mariscos.

Se cree que la comida preparada a partir de la caza no debe taparse al cocerse, porque perjudica la nariz del perro cazador. En la pesca no deben quemarse los huesos de pescado porque se enredará la red de pescar al momento de echarla al agua, y la chaneca puede encantar al pescador que no cuide este precepto.

Pescados y mariscos

PEPESCA BLANCA

INGREDIENTES:

Pepescas blancas
Ajo
Jitomate
Sal al gusto

Este pescadito es de escamas, siempre aparece cuando la marea está completamente alta; su tamaño no pasa de 15 centímetros. Es muy sabroso preparado simplemente en caldo con ajo y jitomate; fritos, salados o ahumados y secos son una buena botana.

PEJELAGARTO EN CHILPACHOLE O ASADO

INGREDIENTES:

Pejelagarto
Epazote
Jitomate
Chile
Limón
Sal al gusto

El pejelagarto es un pescado bastante fino, con caparazón. Estos peces llegan a medir hasta dos metros de largo, tienen bastante carne y no tienen espinas. Para cocinarlo se asa, aparte se prepara el caldo con jitomate, cebolla y ajo molidos a los que se añade epazote, chile y sal al gusto, quedando un rico chilpachole o, simplemente, se asa a la leña acompañándolo con limón y salsa de coachile.

Tortuga lagarto a la brasa

Ingredientes:

Una tortuga
Hoja de aguacate
Hoja de olor
Hoja de guayaba roja y bastante limón

Se aliña la tortuga, se le pone agua caliente para limpiarla después de destriparla. Se lava la tripa muy bien con bastante limón y después se vuelve a acomodar dentro de la concha, el hígado y el bofe, todo junto. Se exprime el jugo de 5 limones criollos no injertos y menos aún limón mandarina. Se le tapa el orificio por donde se le extrajeron las tripas con hojas de aguacate, de olor y guayaba roja. Así preparada se riega la brasa de madera fuerte, ya sea leña de monte o de palo de encino, se pone sobre la brasa hasta asarse muy bien, la piel de la tortuga debe quedar bien dorada. Ya asada se puede comer, así, sin condimentos, simplemente con sal, limón y chiles al gusto.

Estos quelonios llegan a pesar hasta 40 o 50 kilos. Su cuerpo está cubierto por un caparazón o concha, y están en peligro de extinción.

Pescado jolote

Ingredientes:

1 jolote, tomates rojos o verdes
   cilantro, picante al gusto

Pez de agua dulce, de carne fina, sin escamas ni espinas; para su pesca se ocupan las redes y espineles. En la comunidad se prepara así: primero, antes de aliñarlo, se pone en la brasa a fuego lento, esto para quitarle el delgado pellejo que lo cubre, es como una grasa que le sirve para defenderse de sus depredadores. Después, este pez tan delicioso se hace en caldo con tomates rojos o verdes, cilantro y picante al gusto.

JUILE

Es un pez de agua dulce, sin escamas, su pesca se efectúa con redes, espineles, con cuerdas o anzuelo. Se pueden preparar en caldo, revueltos con otros peces de diversas especies; pueden comerse asados, fritos, ahumados, en tapijpilte o empanizados con arroz.

NÁCARA

Estos pececillos (con escamas) se preparan solamente en caldo, ceviche, tamalitos, en acuyo, fritos y ahumados.

TIZMICHE

Estos diminutos pececillos se pescan con telas muy delgadas y su forma de prepararlo es en tamalitos con acuyo. Su captura es anual, sólo se pesca en abril y mayo, de acuerdo como se anuncie la llegada de las lluvias.

BANDERILLA

Este pez sin escamas se prepara únicamente en tapijpilte con acuyo o yerba santa, acompañado con picante y tomates rojos.

PEZ PUERCO

Pescado parecido al robalo que crece también muy grande, sólo se prepara en tapijpilte o tamalitos en acuyo, asado, ahumado, salado y con arroz.

Pochitoca

Este pequeño quelonio todavía se encuentra en nuestra región, crece en los pantanos, esteros y lagunas o en las tierras bajas inundables. Al llegar la sequía, los lirios se secan y estos pequeños quelonios se encuentran al ir levantando los lirios secos. Se preparan con epazote y tomate, en pipián, asados o en caldo con todo y concha.

Tortuga pinta

Se cocina en pipián con epazote enchileanchado, con bastante chile, ya sea coachile o habanero. También está en peligro de extinción.

Tortuga tres lomos o galápago

Se asa muy bien y se aliña para comérsela; se prepara en guisado de tomate, especias, chile, cebolla y ajos.

Mojarra

En ríos, arroyos y lagunas se encuentran las especies de mojarras conocidas como tilapia, negra, colorada, blanca, dorada y las masca fierro. Se preparan de diversas formas, en ceviche, caldo, empanizadas, fritas, asadas, ahumadas y en tamalitos con acuyo.

Guabina

Este pez es muy rico por su carne, ya que no tiene espinas y puede prepararse en diferentes formas; asado en chilpachole, frito, en caldo y acompañado con arroz.

ROBALO

Es de carne muy fina y de reconocido prestigio en los platillos mexicanos. En nuestra comunidad se prepara en caldo, frito, asado, empanizado o empapelado.

FRIJOL COLORADO

INGREDIENTES:

Frijol colorado, huevos
Aceite o manteca, sal al gusto

Cuando son tiernitos —llamados ejotes— se hierven hasta cocerse muy bien y son sabrosos nada más con sal al gusto. También se pueden preparar con huevos revueltos, bien guisados con aceite de comer o con grasa de cerdo.

Esta planta es anual, se siembra el 20 de agosto de todos los años y se cosecha desde el mes de noviembre hasta fines del mes de diciembre.

SALPICÓN CON CARNE DE RES O CERDO (*TAXOGOHUI*)

INGREDIENTES:

1 kilo de carne de cerdo o de res
chiles, ajo, limones

El guiso de Coacotla más conocido y fácil de preparar es el *taxogohui*. Se guisa con la carne de cerdo, con bastante limón, chiles y ajos y ya está listo. Para cocinarlo se usa principalmente leña y trastos, no se usa barro porque cruza el aceite, solamente en una paila o *istacogotacua*.

Esta comida se prepara en las mayordomías que son fiestas de precepto en las que siempre se sacrifican toros o cerdos.

COMIDA PARA LA MAYORDOMÍA

INGREDIENTES:

15 kilos de carne limpia
1 kilo de limones
1 kilo de cebolla
1/4 de kilo de coachiles verdes o maduros
2 cabezas de ajo

Ésta queda a cargo de los vaqueros quienes toman la carne limpia, sin hebras y la pican muy bien hasta dejarla casi molida.

En un trasto de barro exprimen jugo de limón hasta dejar la carne totalmente ahogada en el jugo. Se le pone un kilo de cebollas, un cuarto de kilo de coachiles verdes o maduros, dos cabezas de ajo y se revuelven todos los ingredientes con la carne. Se deja reposar media hora con el trasto bien tapado con un tostador de barro. Después de ese tiempo está lista para servirse. No se usa fuego, se cuece únicamente con el jugo del limón y los demás ingredientes.

Recopilador:
Juan Jerónimo Mateos

Nahuas y mestizos de Texistepec

Texistepec es un municipio de origen zoque popoluca, aunque ya sólo una minoría de la población habla esta lengua. La aculturación propiciada por el establecimiento de la industria azufrera borró varias de las costumbres ancestrales de los popolucas de este pueblo, no sucediendo así con los nahuas que se establecieron tierra adentro, en las orillas del río Chiquito, uno de los afluentes en que se divide el Coatzacoalcos para formar la isla interior llamada Tacamichapan, que presuntamente perteneció a la Malinche.

Uno de estos pueblos de origen nahua es San Lorenzo Tenochtitlán, fundado a principios de siglo por indígenas procedentes de Jáltipan y por descendientes de los vaqueros afromestizos de las haciendas ganaderas coloniales de Comaguacapa y Potrero Nuevo. Este pueblo se fundó sobre los antiguos restos de lo que fue la primera ciudad de Mesoamérica, cuyo nombre desconocemos, pero a la que los arqueólogos llaman con el nombre del pueblo actual.

En realidad son tres sitios olmecas estrechamente relacionados los que forman el San Lorenzo Tenochtitlán arqueológico: Tenochtitlán, un conjunto de antiguos montículos donde se asentó el pueblo actual del mismo nombre; San Lorenzo, que es la meseta donde están los terrenos ejidales y donde se descubrieron alrededor de un centenar de monumentos de piedra, entre ellos, diez cabezas colosales, y Potrero Nuevo, otro conjunto de montículos donde se asienta el pueblo y ejido del mismo nombre.

Además de su gastronomía tradicional, basada en los recursos del río, la selva y el pantano, Tenochtitlán se caracteriza por sus jaraneros, sus artesanías de barro y la defensa de su patrimonio arqueológico. Actualmente Tenochtitlán cuenta con un museo comunitario con varias de las más bellas piezas de la cultura olmeca, entre ellas la cabeza colosal número 10, encontrada recientemente por la doctora Ann Cyphers, de la UNAM.

Pescados y mariscos

MOJARRAS EN CHILPACHOLE

INGREDIENTES:

  1 kilo de mojarra
$1/4$ de kilo de tomate
  3 limones
     ramas de epazote
     salsa y sal al gusto

Se limpian las mojarras y se lavan con abundante agua. Después se asan sobre una parrilla a fuego lento. En una olla se le agrega agua necesaria, se asienta en la lumbre y se espera hasta que hierva; se añaden las ramas de epazote, el tomate previamente licuado y sal al gusto. Se le añaden las mojarras asadas, una por una, y se espera hasta que tome el sabor y color o hasta que sazone bien. Se sirve caliente acompañado con el limón y salsa.

TAMAL DE MOJARRA

INGREDIENTES:

     2 kilos de mojarras
2 o 3 ramas de epazote
     3 kilos de masa
  $1/2$ kilo de tomate
      hoja de berijao para envolver
      aceite comestible, achiote y sal al gusto

Se limpian y lavan las mojarras con abundante agua, se asan a fuego lento y se desmenuzan. Se pone al fuego el tomate licuado, las ramitas de epazote, el achiote como colorante y sal al gusto. A la masa se le agrega el aceite, amasando suavemente. Las mojarras ya desmenuzadas se añaden al guiso y se revuelve todo bien hasta que tome un color rojizo.

Con la masa ya lista se hace el tamal del tamaño que se quiera, se añade una cucharada sopera de mojarra desmenuzada, se prepara agua suficiente para cocerlos (2 o 3 litros). Se sirven calientes acompañados con una salsa al gusto.

BOBO EN MOSTE

INGREDIENTES:

        2   kilos de bobo
      1/4   de kilo de masa
            hoja de moste
            sal al gusto

Se muele la hoja de moste, bien en molcajete o en la licuadora; enseguida se disuelve la masa batida con un poco de agua, se pone a cocer. Cuando ya hierve se añaden las postas de bobo previamente aliñado y bien limpio. Debe mantenerse pocos minutos en la lumbre porque la pulpa de pescado es blanda.

CALDO DE PESCADO

INGREDIENTES:

      1/2   kilo de pescado en trozos
        1   jitomate
        1   cebolla
        2   cucharadas soperas de cilantro picado
        4   dientes de ajo
            chile guajillo al gusto
            ramas de epazote
            hierbas de olor y sal al gusto

Se lava el pescado y se pone en una olla con seis tazas de agua, el jitomate partido en cuatro, la cebolla rebanada, tres dientes de ajo, las hierbas de olor y la sal; se deja hervir diez minutos. Se limpia el chile guajillo, se desvena y remoja, se licua con un diente de ajo y una taza de agua; se cuela sobre la olla. Se añade el pescado limpio de espinas y se deja hervir 15 minutos; finalmente, se sirve caliente con el cilantro picado y se acompaña con limones.

TORTUGA EN PIPIÁN

INGREDIENTES:

- 1 tortuga mediana
- 100 gramos de tomate
- 1 sobrecito de especias
- 1/4 de kilo de semilla de calabaza en polvo
- 2 dientes de ajo
- aceite comestible

Se descuartiza la tortuga, se lava con abundante agua y se pone a cocer. Se licua el tomate, ajo, las especias y la semilla de calabaza molida. Después de esto se vierte todo en una cacerola, se le agregan dos cucharadas soperas de aceite y se pone al fuego.

CAMARÓN RECULADOR

INGREDIENTES:

- 1 kilo de camarón
- 2 o 3 tomates
- 1 ramita de epazote
- 2 chiles
- limón al gusto
- sal al gusto

Hervir agua con el epazote y sal, agregar los tomates ya partidos; cuando ya hierve se añade el camarón y se deja unos diez minutos más en la lumbre. Se acompaña con limón y chile.

Camarón reculador en moste

INGREDIENTES:

1 kilo de camarón
1 bolita de masa
  hoja de moste al gusto
  aceite comestible
  sal al gusto

Se lava el camarón y se pone a cocer, se le agrega el moste previamente molido y frito en aceite; se cuela al momento de vaciarlo en el caldo. En una taza se bate la masa con un poco de agua y se añade al guiso de los camarones para darle una consistencia espesa.

Pejelagarto en caldo

INGREDIENTES:

1 kilo de pejelagarto
1 litro de agua
2 o 3 tomates
1 rama de epazote
  sal al gusto

Hervir los tomates en trozos, la ramita de epazote y sal; aparte, se desconcha el pejelagarto, se lava y parte en pedazos regulares, luego se agrega al caldo cuando éste ya hierve.

PEJELAGARTO ASADO

INGREDIENTES:

   1 kilo de pejelagarto
     coachile
     limón
     sal al gusto

El peje se asa en la brasa del fogón, enseguida se desconcha y se come con sal y salsa de coachile.

Para la salsa de coachile se toman ocho coachiles (son de tamaño diminuto), se muelen y se les agrega limón y sal al gusto.

JOLOTE EN TAPIPILTE DE ACUYO

INGREDIENTES:

  1½ kilos de jolote rebanado en postas
  ½ kilo de jitomate
   3 cebollas medianas
   2 limones
   6 chiles serranos verdes
  10 hojas de acuyo
     hojas de berijao
     sal al gusto

Para preparar los tapipiltes se toma una hoja blanca y otra de acuyo bien lavaditas; encima se coloca una posta de jolote crudo, una rebanada de tomate, una rebanada de cebolla, una de chile y sal al gusto. Se envuelve el tamalito, así se hace con cada posta. Una vez listo se cuece sobre la brasa del fogón, al vapor, con muy poca agua. Se acompaña con jugo de limón.

A estos tamales se les llama *tapipilte*.

MOJARRA AHUMADA EN ARROZ

INGREDIENTES:

       3 mojarras no muy grandes
     1/2 kilo de arroz
       3 tomates
       1 cucharada de aceite
         achiote
         sal al gusto

Se ahuman las mojarras en la brasa del fogón, al mismo tiempo se guisa el arroz colorado; para hacerlo, se dora el arroz en aceite, se le ponen dos tazas de agua y se vierte el tomate molido, un poco de achiote para darle color y sal; cuando empieza a hervir se le agrega el pescado ahumado cortado en trozos.

Animales de monte

Actualmente la carne de monte es muy escasa por la extinción o escasez del conejo, el serete y el tepescuintle que originalmente eran platillos centrales en cuanto a carnes se refería. Ahora se sustituyen por carne de res, cerdo o pollo, aún cuando se conservan los ingredientes originales. Esas modificaciones alimentarias generan también la pérdida de las recetas tradicionales, esa es la razón por la que en esta comunidad se registraron muy pocos guisos.

CONEJO DE MONTE

INGREDIENTES:

- 1 conejo aliñado
- 2 limones
- 4 dientes de ajo
     sal al gusto

El animal se aliña y lava muy bien con limón, se prepara con ajo y sal y se ponen a asar a la brasa, se come con frijoles negros secos y refritos.

VENADO EN ALBÓNDIGAS

INGREDIENTES:

    1   kilo de carne de venado
    1/4 de kilo de tomates
    1   cebolla mediana
    1   rama de orégano
    1   rama de yerbabuena
    1   rama de perejil
        ajo y especias al gusto
        sal al gusto

Picar muy finamente la carne y la cebolla, revolver muy bien, agregar el ajo, las especias y la sal. Todo se mezcla y se forman las bolitas que se cuecen en un caldillo que se preparó con tomate molido, orégano, yerbabuena, perejil y sal al gusto.

ARMADILLO GUISADO

INGREDIENTES:

    2   kilos de armadillo
    3   chiles anchos
    2   tomates
    1   cebolla
    1   diente de ajo
        cebollín al gusto
        aceite
        sal al gusto

Se lava y cuece la carne. Se hierve el chile ancho y se muele con el tomate, la cebolla y el ajo; en un recipiente, refreír el guiso y vertir la carne partida en trozos, se añade sal.

IGUANA GUISADA

INGREDIENTES:

- 1 iguana aliñada
- 10 chiles anchos
- 4 tomates
- 1 cebolla
- 2 dientes de ajo
- pimienta
- especias
- sal al gusto

Después de aliñar el animal, se coloca directamente en el fuego para quitarle el cuero; se cuece y desmenuza. En una sartén con aceite se fríen los chiles anchos, previamente molidos, con el tomate, la cebolla y los ajos. Una vez sazonados los ingredientes se coloca allí la carne, se le rocía pimienta molida, especias al gusto y sal. Se tapa y se deja a fuego lento cerca de 15 minutos.

CHIPILE EN MOLITO

INGREDIENTES:

¼ de kilo de chipile
1 bolita de masa
2 tomates
2 dientes de ajo
1 trozo de cebolla
achiote
aceite
sal al gusto

Se muele el tomate, el ajo y la cebolla y se disuelve el achiote, se bate la masa y se añade para que espese. Se fríe y se le agrega el chipile y la sal. Se come acompañado con tortillas y arroz.

GUISADO DE EJOTES

INGREDIENTES:

½ kilo de ejotes
1 kilo de jitomates
1 cebolla mediana
aceite
sal al gusto

Los ejotes se lavan con abundante agua y cortan en trocitos. En una olla con agua se ponen a cocer con sal al gusto. Cocer el jitomate y licuarlo con la cebolla. En una olla con unas cucharadas de aceite se guisa el jitomate licuado. Cuando esté hirviendo se le agregan los trocitos de ejotes cocidos.

Chayote en molito

   2 chayotes de tamaño regular
   1 bolita de masa
   2 tomates
   2 dientes de ajo
   1 trozo de cebolla
      sal al gusto

Se muelen los ingredientes, se fríen y se les agrega el chayote ya cocido y trozado en pedacitos. Se le pone masa para espesar y se come con arroz.

Quelite con frijol

Ingredientes:

   1/4 de kilo de frijol
     1 ramita de epazote
     1 trozo de cebolla
     2 chucharadas de aceite
        quelites al gusto
        sal al gusto

Después de cocer los frijoles se agregan el quelite, el epazote y el aceite quemado previamente con rajitas de cebolla.

Frijoles de olla con plátano frito

Ingredientes:

1 kilo de frijoles
1 rama de epazote
1 plátano macho verde
  hoja de quelite al gusto
  sal al gusto

Hervir los frijoles en una olla de barro, cuando estén blanditos se agregan el epazote, el quelite y el plátano macho en trozos y sal, si se desea, se fríen unas rebanadas de cebolla en aceite y se vacían a los frijoles.

Nopales con molito

Ingredientes:

$^1/_2$ kilo de nopales
2 tomates
1 trozo de cebolla
2 chiles de guajillos
1 sobrecito de especias
  sal al gusto

Los nopales se limpian y cortan en pequeños trozos. Se cuecen, escurren y vuelven a cocer dos veces más, con eso se le quita lo baboso, Aparte, se cuece el guajillo con el tomate y la cebolla, después se licua y se fríe, enseguida se agregan los nopales, las especias y la sal.

CHOCHOGO EN MOLITO

INGREDIENTES:

1 manojo de chochogos
1 bolita de masa
2 tomates
1 pizca de especias
  achiote
  sal al gusto

Se hierven las chochogos, mientras tanto se bate la masa y se cuela, una vez cocidos se añade la masa colada, el tomate molido y el achiote para darle color; las especias se refríen en aceite y se vacían al guiso con sal.

Los chochogos son la inflorescencia del platanillo.

CALABAZA GUISADA

INGREDIENTES:

1/2 kilo de calabaza
2 tomates
1 diente de ajo
1 pedazo de cebolla
1 pizca de especias
1 cucharada de aceite
  sal al gusto

La calabaza se pone a cocer, una vez que está lista se tira el agua, se escurre y se pica en pequeños trocitos. Después de moler en el molcajete las especias se fríen en aceite con un diente de ajo, allí se vierte la calabaza con el tomate y la cebolla picados, se le añade sal y se tapa unos minutos.

PALMICHE GUISADO

INGREDIENTES:

- ¹/₂ kilo de palmiche
- 3 tomates
- ¹/₂ cebolla
- 2 dientes de ajo
  aceite comestible
  sal al gusto

La palma de coyol se corta y se le extrae el corazón (llamada palmiche), se pica finamente y se cuece; el tomate, la cebolla y el ajo también se pican y se fríen en aceite, cuando sueltan su jugo se vacía el palmiche.

TORTILLAS PARADAS EN PLÁTANO VERDE

INGREDIENTES:

- 1 kilo de maíz
- 1 plátano verde picado

El maíz se lleva al molino o se muele en el molino casero, allí se agrega el plátano verde picado para que se mezcle con la masa. Una vez hecho esto se "echan" las tortillas grandes a mano y con un dedo se le hacen varios huecos, se cuecen en el comal de barro. Ya cocida la tortilla se coloca atrás de la brasa del fogón una latita con agua, allí se "para" la tortilla hasta que se dora.

Se les llama tortillas "paradas" porque se recuestan contra la brasa hasta que adquieren una consistencia dorada como el totopo.

TORTILLAS PARADAS DE FRIJOL (DULCES O SALADAS)

INGREDIENTES:

- ¹/₂ kilo de masa
- 2 tazas de frijol cocido
- 1 cucharada de aceite o manteca
  sal y/o azúcar al gusto

El frijol se revuelve con la masa y el aceite o la manteca, se pone sal o, si se desean dulces, azúcar, se forman las tortillas de regular tamaño y se cuecen en el comal, se dejan resecar en el comal, es necesario girarlas continuamente hasta que queden duras, luego se ponen paradas en el rescoldo de la brasa.

TORTILLA DE YUCA

INGREDIENTES:

- 2 yucas rebanadas
- 1¹/₂ kilos de maíz para nixtamal

Las yucas se lavan, pelan y rebanan, el maíz se muele en el molino y se agrega la yuca hasta que queda lista la masa, enseguida se "echan" las tortillas y se cuecen en el comal.

Donitas de yuca

Ingredientes:

1 kilo de yuca
1 cucharada de harina
1 taza de azúcar
  aceite comestible
  sal al gusto

La yuca se lava muy bien y se cuece, cuando ya está blanda se muele en el molino y se le pone harina y sal o, si se prefiere, azúcar; se forman las rueditas en forma de dona y se fríen, cuando se colocan en el recipiente se espolvorean con azúcar.

Tortillas paradas en elote

Ingredientes:

6 elotes sazones
  sal al gusto

Raspar y moler los elotes, enseguida hacer las tortillas y cocerlas en el comal, después se paran en la brasa para dorarlas.

Tortitas de elote

Ingredientes:

2 manos de elote (equivale a diez elotes)
3 huevos
1 cucharada de harina
$^1/_2$ taza de azúcar
   aceite comestible
   sal al gusto

Los elotes se raspan y muelen, ya molidos se añaden los tres huevos y una pizca de sal, todo se amasa muy bien junto con la harina y se forman las tortitas que se fríen en aceite, se espolvorean con azúcar.

Elotes en esale

Ingredientes:

3 elotes
1 ramita de epazote
   chile molido
   sal al gusto

Los tres elotes se raspan y cuecen, mientras están al fuego se les añade la rama de epazote, la sal y el chile molido, si se desea se le puede agregar un poco de elote molido para que espese más.

Tortitas de arroz en caldo

Ingredientes:

- 2 tazas de arroz
- 4 huevos
- 2 tomates
- 1 pedazo de cebolla
- 2 chiles guajillos
  especias
  aceite comestible
  sal al gusto

Hervir el arroz, una vez cocido tirar el agua y escurrirlo unos minutos, hacer las tortitas; en un utensilio aparte se baten las claras de los huevos hasta que están a punto de turrón, inmediatamente después se pasan por el huevo las tortitas y se fríen en aceite bien caliente. En otro recipiente se muele o licua tomate, cebolla, especias y chiles guajillos, se cuela, fríe y se deja hervir; finalmente se agregan las tortitas.

Coyol para untar

Ingredientes:

- 1/2 kilo de coyol
  sal al gusto

Limpiar el coyol y molerlo con poca sal, agregar un poco de agua y espesarlo un poco en el fuego, queda como una mantequilla que se unta en las tortillas y se acompaña con frijoles de la olla.

Los frijoles de olla son hervidos con sal. Es comida típicamente campesina.

PLÁTANOS RELLENOS

INGREDIENTES:

   2 kilos de plátanos machos
   1/2 kilo de carne molida de res
   1/4 de kilo de queso
   1/4 de kilo de tomate
   1 cebolla chica
 100 gramos de chile verde
     aceite

Deben escogerse los plátanos machos semimaduros, cocerlos y dejarlos enfriar unos minutos, luego se pelan y muelen hasta convertirse en un amasijo suave. Mientras, cocer la carne molida y licuar el chile, la cebolla y el tomate. La carne se revuelve con los otros ingredientes, se hacen las tortillas de plátano del tamaño que se quiera, se les agrega una pizca de carne molida, se enrollan y fríen; servir calientes espolvoreados con azúcar.

Tamales

TAMAL DE MASA COCIDA

INGREDIENTES:

- 3 kilos de masa
- 1 kilo de carne de puerco
- 1/2 kilo de tomate
- 1 diente de ajo
- 1/4 de kilo de chile ancho
- 2 ramas de epazote
- 1 cebolla mediana
  achiote al gusto
  hoja de berijao u hoja de plátano
  aceite
  sal al gusto

Se bate la masa con agua suficiente hasta que quede líquida, colar cuidadosamente, luego se cuece y se deja enfriar. Se enjuaga la carne con agua, se corta en trozos del tamaño que se quiera y se pone al fuego con una pizca de sal. Se muele el tomate, el ajo, el chile ancho, la cebolla y sal al gusto. Este guiso se le vierte a la carne ya cocida, así como el achiote, ramitas de epazote y aceite al gusto; se vuelve a hervir. Sobre la hoja se sirve un cucharón de masa cocida y se le coloca una pieza de carne. Se envuelven los tamales del tamaño deseado. Se sirven calientes con una taza de café negro.

Tamal de chipile con carne deshebrada

Ingredientes:

2 mazos de chipile
1/2 kilo de carne de res
2 kilos de masa
2 tomates grandes
2 chiles guajillos
1 cebolla mediana
1 diente de ajo
hoja de berijao
aceite comestible, sal al gusto

El chipile se deshoja y lava bien. Se bate la masa hasta que quede como una pasta suave y lisa y se le agregan las hojas de chipile y sal al gusto. Se revuelve hasta que queden bien mezclados todos los ingredientes.

Mientras tanto, se cuece la carne, se deja enfriar y luego se deshebra. Se licua el tomate, la cebolla, el ajo y el chile guajillo; este guiso se revuelve con la carne deshebrada y se fríe de cinco o diez minutos. En una hoja se sirve con una cucharón la masa revuelta con chipile y se agrega una cucharada de carne deshebrada. Los tamales se pueden hacer del tamaño que se desee, para cocer se colocan a vapor con dos o tres litros de agua. Se sirven calientes con salsa de coachile o de tomate.

Tamalitos de coco

Ingredientes:

2 cocos rallados o licuados
1 1/2 kilos de masa
1/4 de kilo de manteca de cerdo o aceite
hoja de berijao, azúcar al gusto

Primeramente se bate la masa y se revuelve con el coco, ya sea éste rallado o molido, se añade la cantidad deseada de azúcar y el aceite; nuevamente se revuelve todo y se forman las porciones con una cucharada que se coloca sobre la hoja de berijao; se envuelven bien y colocan en un recipiente que tiene un litro y medio de agua, se cuecen al vapor en la leña, aproximadamente una media hora. Se acompañan con café caliente.

Tetamales con manteca de res

INGREDIENTES:

    1 kilo de masa blanca
    1/4 de kilo de manteca de res
       azúcar
       sal al gusto

La masa se prepara con la manteca, se pone sal y azúcar o exclusivamente sal, según el gusto de cada persona. Con un cucharón se coloca una porción en una hoja de berijao y se envuelve. Se cuece al vapor una media hora. Se acompañan con café con leche o atole de masa. Los tetamales se comen calientes porque una vez que se enfrían se ponen muy grasosos por la manteca de res.

Se les llama tetamales porque no llevan carne, son tamales de pobre, de campesino, dicen las informantes.

Tetamales de maíz negro

INGREDIENTES:

    1 kilo de maíz negro
    1/4 de litro de aceite
       azúcar, sal al gusto

Se cuece el maíz negro, se resquebraja (no muy refinado) en molino de mano. Ya convertido en masa se le vierte el aceite, la sal y/o azúcar, se envuelve en hoja de berijao y se coloca en la leña para que se cueza al vapor con escasa agua.

TAMAL DE ELOTE

INGREDIENTES:

        6 manos de elote (30 elotes)
        1 kilo de carne de res
      1/2 kilo de manteca de cerdo
      1/4 de kilo de chile ancho
        5 jitomates
        1 mazo de epazote
           achiote al gusto
           hoja de elote para envolver
           sal al gusto

Se raspa el elote y se lleva al molino a moler, se amasa con la manteca, se le añade sal; aparte se desvenan y hierven los chiles anchos; la carne ya cocida se escurre y se parte en pequeños trozos, los jitomates se muelen con los chiles, se refríe y cuela, y se agrega a la carne cocida, con sal; para darle color se disuelve un pedazo de achiote. Para hacer los tamales se ocupa la hoja del elote sobre la cual se coloca un cucharón de masa, un trozo de carne ya guisada, una ramita de epazote y se envuelven. Se ponen en una vaporera con medio litro de agua.

Dulces y conservas

MALANGA EN DULCE

INGREDIENTES:

1 malanga grande
$^1/_2$ kilo de azúcar

Se le quita la cáscara a la malanga, se lava y parte en trozos, enseguida se cuece en agua y se le agrega el azúcar poco a poco, cuando está medianamente espesa se retira del fuego.

DULCE DE PLÁTANO BOLSA

INGREDIENTES:

$^1/_2$ kilo de plátano, cal, azúcar al gusto

Se le quita la cáscara a los plátanos y se pasan por agua de cal para que no se despedacen, se punzan con un tenedor, se vierten en la miel que se preparó previamente con agua y azúcar. Se calcula que están al punto cuando los plátanos se "inflan".

DULCE DE CALABAZA

INGREDIENTES:

1 calabaza mediana
1 kilo de azúcar

Se parte la calabaza en pedacitos y se le quita la cáscara, dejarla reposar en agua de cal durante tres minutos, después se saca y lava. Una vez que esté limpia se deposita en una cacerola, se disuelve el azúcar en un litro de agua, y se vacía en la cacerola. Se sazona a fuego lento durante 30 minutos.

Dulce de coco

INGREDIENTES:

3 cocos molidos o rallados
1 kilo de azúcar
1 pedazo de papel estraza

El coco se pone al fuego con media taza de agua y el azúcar, moviendo constantemente con una cuchara hasta que el azúcar esté bien disuelta y tome sabor el coco. Una vez listo el dulce se extiende caliente sobre el papel estraza que, previamente, se roció con muy poca agua para que la mezcla no se pegue; rápidamente el dulce se corta con un cuchillo en trozos de regular tamaño. En pocos minutos están listas las palanquetas de coco ya que endurecen inmediatamente.

Dulce de papaya

INGREDIENTES:

1 papaya verde de tamaño regular
1 puño de cal
1 kilo de azúcar

Se quita la cáscara a la papaya, se corta en trozos y se pasa breves minutos por agua de cal para que endurezca; luego se enjuaga y hierve en agua limpia, se agrega el azúcar poco a poco y se deja cocer alrededor de una hora.

Bebidas

ATOLE DE ELOTE

INGREDIENTES:

3 elotes
4 rajas de canela, azúcar al gusto

Se limpia, raspa y muele el elote, se cuela con un trapo muy delgado. Se pone a la lumbre con la medida de una taza de agua, se añade azúcar y canela, se hierve todo y se espera a que sazone. Si lo desea puede agregar leche.

ATOLE DE CALABAZA

INGREDIENTES:

1 calabaza mediana, leche, azúcar

Se hierve la calabaza y se extrae la pulpa, se bate hasta que espese, se le vierte azúcar y leche si se desea.

CHAMPURRADO

INGREDIENTES:

$^1/_4$ de kilo de masa
1 tablilla de chocolate
2 litros de agua
azúcar o piloncillo al gusto

Se disuelve la masa con un poco de agua, el resto del agua se hierve junto con el chocolate y el piloncillo. Cuando ya hierve se vierte paulatinamente la masa. Se bate constantemente y se deja hervir 20 minutos más a fuego lento.

POPO

INGREDIENTES:

½ kilo de cacao
1 kilo de arroz
2 kilos de maíz
100 gramos de raíz axquiote
100 gramos de canela
1 kilo de azúcar

Se asa el cacao y se le quita la cáscara para molerlo; a la pasta resultante se le pone canela. Aparte se cuece el maíz, se le agrega arroz y se muele. El axquiote se lava y se muele. Aquí es importante que la cantidad de axquiote sea proporcional a la masa de cacao y maíz por que si no hay equilibrio entre los ingredientes irrita la garganta al beberlo. Cuando la pasta está lista se disuelve en agua y se cuela con el trapo limpio, al mismo tiempo que se empieza a batir hasta convertirlo en una bebida espumosa.

El popo es una bebida tradicional en todo el sur de Veracruz, para su preparación se emplean únicamente utensilios tradicionales como un molinillo de madera, tela fina para colar, además de que es indispensable el uso de jícaras para servirlo, las cuales se colocan sobre pequeños aros de caña o fibra vegetal.

Informante:
Arcelia Job Caamaño

Recopiladora:
Esperanza Arias

Plantas y frutas comestibles

Nombre común	Nombre científico
Acelga	
Achicoria	
Acuyo, yerbasanta	
Aguacate	*Persea americana*
Ajo	
Anona	*Annona sp*
Axquiote	
Berro	
Caca de niño	*Pouteria campechiana*
Cacao	*Theobroma cacao*
Cacapache	
Calabaza	*Cucurbita pepo*
Camote	*Ipomea batatas*
Caña de azúcar	*Sacaharum officinarum*
Capulín	*Prunus serotina*
Cardón	
Cebolla	
Cebollín	*Allium fistolosum*
Chagalapoli	
Chayote, erizo, casquil	*Sechium edule*
Chicozapote	*Manilkara achras*
Chile	*Capsicum sp.*
Chinine	*Persea schiedeana*
Chipilín, chipile	*Crotalaria longirostrata*
Chipiquelite	
Chocho (palma)	*Astrocarium mexicanum*
Chochogo	
Chonegue	
Chontal	
Cilantro	
Coco	*Cocos nucifera*
Cocuite (flor de)	*Gliricidia sepium*
Col	
Coliflor	
Coyol (palma real)	*Scheelea liebmanni*

Ejote
Epazote   *Chenopodium aambrosioides*
Espinaca

Frijol, frijol colorado,
chipojaya,

Guaya   *Talisia olivaeformis*
Guayaba   *Psidium guajava*
Guaya roja
(también llamada tomatillo)
Guanábana   *Annona muricata*

Hongo amarillo, hongo blanco   *Pleurotus spp.*
Huitzama

Ilama   *Annona diversifolia*

Jícama   *Pachyrrhizus erosus*

Lima real
Limoncillo

Malanga   *Colocasia sculenta,*
                                       Caladium sculentum, Arum
                                       sculentum
Mango   *Mangifera indica*
Melón
Momo, yerbasanta, tlanepa   *Piper sanctum*
Moste

Nanche   *Byrsonima crassifolia*
Naranja   *Citrus sp*
Nopal   *Nopalea sp*

Ñame

Ojoche (semilla del árbol del)   *Brosimum alicastrum*
Palmito   *Yuca sp.*
Papaloquelite   *Prophyllum coloratum*
Papaya   *Carica papaya*
Paque, paqui   *Dialium guianense*

239

Pataxtle	*Theobroma bicolor*
Patelolote (pimienta silvestre)	*Pimenta pimenta, P. acris, P. vulgaris*
Pepino	
Perejil	
Piña	
Plátano	*Musa paradisizca*
Quelite, quelite burro	
Sandía	
Tamarindo	
Tepejilote	*Chamaedorea tepejilote*
Timbiriche	
Tomate	*Physalis ixocarpa*
Totoloche	
Tripa de pollo, pataxtle, etcétera	*Phaseolus vulgari*
Vaina, cuajinicuil	*Inga sp.*
Verdolaga	
Yuca	*Manihot esculenta*
Zapote mamey	*Pouteria sapota*

Animales de monte y agua

Armadillo	Iguana
Camarón reculón	Mapache
Caracolito	Mayacaste
Chapulín	Tepezcuintle
Chicharra	Tortuga
Faisán	Zerete

Ingredientes comunes

Para los guisos:

Achiote, moste
Acuyo (llamada también yerbasanta)
Ajo
Axquiote
Cebolla
Chile ancho
Chile guajillo (muy común en las comidas de los mazatecos del municipio de Playa Vicente)
Chipile
Chonegue (muy común en la región de los Tuxtlas)
Cilantro (usual entre los nahuas y popolucas)
Coachile
Epazote
Especias (pimienta, orégano, tomillo, clavos)
Limón
Tomate

Para envolver los tamales:

Hoja de berijao (u hoja blanca)
Hoja de bexo
Hoja de elote
Hoja de maíz
Hoja de plátano

Para dulces:

Azúcar
Canela
Piloncillo

Bibliografía

Alafita González, Rita, *Oluta, apuntes para su historia*, SEP/DGCP, (Serie documentos, núm. 2), Ayuntamiento de Oluta, 1989.

Archivo General de la Nación; Ramos: General de Parte, Hospital de Jesús,Tierras, Indios y Tributos.

_____ Técnico de la Unidad Regional Sur de Veracruz de Culturas Populares.

Beltrán, Lourdes A., *La cocina jarocha*, México, Editorial Pax/México, 1960.

Bernal, Ignacio, "Los olmecas", en *Historia de México*, Salvat Mexicana de Ediciones, tomo I, pp. 185-220, México, 1978.

Beverido P., Francisco, *San Lorenzo Tenochtitlan y la civilización olmeca*, Tesis de maestría, UV, Xalapa, Ver., 1970.

Blázquez Domínguez, Carmen (comp.), *Estado de Veracruz: informes de sus gobernadores. 1826-1986*, Gobierno del Estado de Veracruz, Xalapa, Ver., 1987.

Blom, Franz y Oliver la Farge, *Tribus y templos*, INI, México, 1986.

"Breve Historia de la Arqueología Olmeca", en *La palabra y el hombre*, núm. 64, oct-dic, pp. 161-194, UV, Xalapa, 1987.

Bustamante, Fernando, "El axmole, un rescate etnográfico de los tuxtlecos veracruzanos", en *Nescayotl*, Revista de la Facultad de Historia, núm. 4-5, abril, Universidad Veracruzana, Xalapa, Ver., 1996.

Camacho, Francisco Antonio, "Relación de Chinameca. 1777", en *La palabra y el hombre*, Universidad Veracruzana, Nueva Epoca, núm. 15, julio-septiembre, notas de Fernando Winfield, Xalapa, Ver., 1975.

Cangas y Quiñones, Suero de, "Relación de la provincia de Coatzacoalco, Villa del Espíritu Santo" en *Relaciones geográficas del siglo XVI: Antequera*, Edición de René Acuña, tomo 1, UNAM, México, 1984.

Ceja Tenorio, Fausto, "Ixtlahuehue, la salina vieja de los Tuxtlas", en *Revista Mexicana de Estudios Antropológicos*, tomo XXVIII, México, 1982.

Charpenne, Pierre, "Mi viaje o México o el colono del Goazacoalcos", en *Cien viajeros en Veracruz. Crónicas y relatos*, Gobierno del estado de Veracruz, tomo IV, 1992.

243

Clark, John E. (coord.), *Los olmecas de Mesoamérica*, Citibank, México, 1994.

Coe, Michael y Richard A. Diehl, *In the Land of The Olmec. Archaeology of San Lorenzo Tenochtitlan*, University of Texas Press, vol. I, Austin, 1980.

Comida Veracruzana, Guía Gastrónomica de México, núm. 5, México, agosto, 1994.

Cortés, Hernán, *Cartas de Relación*, Ed. Porrúa, Col. "Sepan cuantos...", Mexico, 1969.

Covarrubias, Miguel, *El sur de México*, INI, México, 1980.

Cruz Martínez, Florentino, *Cosoleacaque, génesis de un pueblo nahua*, Colección Documentos, núm. 6, Unidad Regional de Culturas Populares, Acayucan, Ver., 1990.

_____, *Cosoleacaque, el combate de Totoapan.en 1863*, Colección Documentos, núm. 9, Unidad Regional de Culturas Populares, Casa de Cultura de Minatitlán, H. Ayuntamiento de Cosoleacaque, Acayucan, Ver., 1992.

Cyphers, Ann, *Descifrando los misterios de la cultura olmeca. Una exposición museográfica de los resultados del Proyecto Arqueológico San Lorenzo Tenochtitlan 1990-1994.* IIA/UNAM, México, 1995.

De la Fuente, Beatriz, *Los hombres de piedra. Escultura olmeca*, UNAM, México, 1977.

Delgado Calderón, Alfredo, *La muerte en el sur de Veracruz*, Documentos, núm. 10, Culturas Populares, Acayucan, Ver., 1994.

_____, "Los negros del sur", en *Son del sur,* núm. 1, Chuchumbé A.C. Coatzacoalcos, Ver., 1995.

_____, *Guión del Museo Comunitario El Jonotal de Nuevo Ixcatlán*, Municipio de Playa Vicente, Ver., 1997.

Díaz del Castillo, Bernal, *Historia verdadera de la conquista de la Nueva España*, Porrúa, "Sepan cuantos..." núm. 5, México, 1980.

Farga Font, J., *Lo mejor de la cocina veracruzana*, Editores Mexicanos Unidos, México, 1992.

Forde, Daryll, *Mundos africanos. Estudios sobre las ideas cosmológicas y los valores sociales de algunos pueblos de África*, FCE, México, 1975.

Fossey, Mathieu de, "Viaje a México", en *Cien viajeros en Veracruz. Crónicas y relatos*, Gobierno del estado de Veracruz, tomo IV, 1992.

_____, "Viaje a México", en *Mirada viajera*, CNCA, México, 1994.

García de León, Antonio, "El universo de lo sobrenatural entre los nahuas de Pajapan", en *Estudios de cultura nahuatl*, vol. VIII, UNAM, IIH, México.1969

_____, *Pajapan, un dialecto mexicano del Golfo*, Colección Científica núm. 43, INAH, México, 1976.

_____, *Naufragio en tierra: el impacto de la conquista en la Costa de Sotavento, siglos XVI y XVII*, Mecanoescrito, 1992.

Gerhard, Peter, *Geografía histórica de la Nueva España, 1519-1821*, UNAM, México, 1986.

González de Cossío, F., *El libro de las tasaciones de pueblos de la Nueva España. Siglo XVI*, Archivo General de la Nación/Ed. ECLAL, México, 1952.

Iglesias, José María, *Acayucan en 1831*, Ed. Citlaltepec, Colección Suma Veracruzana, México.

Kelly, Isabel, *Cultura y salud*, Instituto de Asuntos Interamericanos/Dirección de Estudios Experimentales/Secretaria de Salubridad y Asistencia. México, 1956.

Mendieta, Fray Gerónimo de, *Historia eclesiática indiana*, Salvador Chávez, México, 1945.

Motolinía, Fray Toribio, *El libro perdido*, CNCA, México, 1989.

Münch Galindo, Guido, *Etnología del Istmo Veracruzano*, UNAM, México, 1980.

Ortiz de Ayala, Tadeo, *Istmo de Tehuantepec*, Edit. Citlatepec, Suma Veracruzana, México.1966

Ortiz Ceballos, Ponciano, "Algunas consideraciones sobre la cronología cultural de los Tuxtlas, Ver., México", en *Boletín Informativo*, núm. 1, Instituto de Antropología, UV, Xalapa, Ver., 1980.

_____ y Carmen Rodríguez M., "Proyecto Manatí 1989", en *Revista Arqueología*, I: 23-53, INAH, México, 1989.

_____, Carmen Rodríguez y Alfredo Delgado, *Las ofrendas de El Manatí*, CNCA/INAH/DGCP, Minatitlán, Ver., 1992.

_____, *Las Investigaciones Arqueológicas en el Cerro Sagrado Manatí*. Universidad Veracruzana/INAH, Xalapa, Ver., 1997.

_____, Carmen Rodríguez y Paul Schmidt, "El Proyecto Manatí, temporada 1988. Informe preliminar", en *Arqueología*, núm. 3, pp. 141-154, Dirección de Arqueología/INAH, México, 1988.

Rojas, José Luis de, *Información de 1554, sobre los tributos que los indios pagaban a Moctezuma*, CIESAS, México, 1997.

Rubio, Miguel Ángel, *La morada de los santos. Expresiones del culto religioso en el sur de Veracruz y en Tabasco*, INI, México, 1995.

Sahagún, Fray Bernardino de, *Historia general de las cosas de Nueva España*. Introducción, paleografía, glosario y notas de Josefina Quintana y Alfredo López Austin, CNCA/Alianza Editorial, 2 tomos, 1989.

Santamaría, Francisco J., *Diccionario general de americanismos*, Gobierno del Estado de Tabasco, 1988.

Sociedad Mexicana de Antropología, *Mayas y olmecas*, Segunda Reunión de Mesa Redonda sobre problemas antropológicos de México y Centroamérica, México, 1942.

Santley, Robert S. y Ponciano Ortiz C., "Reporte final de campo, Proyecto Matacapan; temporada 1983", en *Cuadernos del Museo*, núm. 4, Universidad Veracruzana, Xalapa, Ver., 1985.

Stoopen, María y Ana Laura Delgado, *La cocina veracruzana*, Gobierno del Estado de Veracruz, Xalapa, 1992.

Trens, Manuel B., Historia de Veracruz. VII tomos, Secretaría de Educación y Cultura, Xalapa, Ver., 1992.

Torres Cerdán, Raquel y Dora Elena Careaga Gutiérrez, *La cocina afromestiza en Veracruz*, Cuadernos de Cultura Popular, IVEC, Veracruz, 1995.

Villaseñor y Sánchez, J. A., "De la jurisdicción de Acayuca y sus pueblos", en *Theatro americano, descripción general de los reynos y provincias de la Nueva España (1746)*, México, 1952.

Winfield Capitaine, Fernando, "Relación de Chacaltianguis", en *Cuadernos del Museo*, núm. 1, septiembre, Universidad Veracruzana, 1983.

Recetario indígena del sur de Veracruz

con un tiraje de 3 000 ejemplares
se terminó de imprimir en los talleres de
Impresora y Encuadernadora Progreso, S.A. de C.V.
(IEPSA), Calz. de san Lorenzo, 244; 09830
México, D.F., en el mes de noviembre de 2003.

Fotografía de portada: Ignacio Urquiza
Diseño de portada: Javier Aguilar.
Cuidado de la edición:
Subdirección de Publicaciones de la
Dirección General de Culturas Populares